走向我们的小康生活
——美丽乡村的"东田样本"

走走 / 著

上海文化出版社

目录

序言 / 1

上篇 | 闯出来的路
——乡村企业的旗帜

第一节　破除发展壁垒的全面改革之路
一、第一个带泥腿子上岸的村党委书记陈永泉 / 2
二、第一个搞起"托拉斯"的东田人沈玉兴 / 18
三、把新闻发布会开到北京人民大会堂的企业家俞敬民 / 35

第二节　凤凰涅槃——民营经济的榜样
一、临危受命、勇拓新路、再创辉煌 / 49
二、以村民为中心的互联电商之路 / 63
三、全家总动员 / 76

中篇 | "改天换地"
——美丽乡村的标杆

第一节 自我更新 移风易俗
一、中国要美,农村必须美 / 90
二、文旅融合,东田村的诗与远方 / 103

第二节 以生态理念引领养殖业绿色发展
一、"我就是一个农民" / 113
二、养猪,要先回归猪的本质 / 123
三、让孕妇和孩子吃得放心 / 137

下篇 | 教育与艺术,乡村文化振兴的一双翅膀

第一节 教育是新农村的文化基础
一、全纳教育结硕果 / 157
二、水润童年谱新篇 / 171

第二节 村委 + 乡贤 = 实现村事民治
永远的家乡情结 / 182

第三节 艺术让乡村更美丽

一、村民玩起来，村子富起来，生活美起来 / 195

二、小村办大展：发展之路，影像见证 / 210

附录

东田村大事记（1950年至今） / 223

后记　/ 226

序 言

有千岁之久的京杭大运河，那么古老，又是那么年轻。宽阔的，端肃的，山重水复着，流经崇福，再从崇福的西边延伸出一条缓缓向西而去的支流，直到桐乡最西端的古镇——洲泉，这条支流也就被称为洲泉港。

大运河，是"运"，也是"孕"。它给洲泉输去一条通衢大道，也输去了大河的文明之波。江南水乡，因水而生，因水而兴。得益于这片水的润泽，广袤的土地变得丰沃。而位于洲泉镇东郊的东田村，也就成了大运河支流上的一个古老村落。

村落虽小，却同样有着灿烂的人文。东田村这个村名，就是从南宋延用至今的，这也是洲泉镇最古老的村名了。千百年来，农耕文明孕育下的东田人习惯于日出而作、日落而息、男耕女织的生活方式。

然而，沿袭几千年的生产生活方式，终于在20世纪开始瓦解、嬗变。自20世纪70年代开始，经过两代人的奋斗，东田村发生了历史性转折：由传统的农业村落幻化为新型的工业化、商业化的现代城镇；相伴而生的，这里的自然、社会景观，包括人们的生产、生活方式，价值观念，都发生了很大变化。村民也由传统的农民身份，逐渐多元化——成为工人、企业家、商人、技术专家、专家学者等等。许许多多普通家庭用勤劳的双手改变了自己的生活，村民们对自己故土的认同感、归属感、安定感、获得感与日俱增。

回望走过的四十多年，东田的现代致富之路，其实是来之不易的。2020年，我国脱贫攻坚战取得了全面胜利，创造了又一个彪炳史册的人间奇迹。曾几何时，东田人也曾贫穷过……在接受采访时，乡贤代表、佳源集团董事长沈玉兴发自肺腑感言道：

"东田故事的发生，第一归功于改革开放正确的路线。这个富起来的故事一定是这个时代造就的。第二感谢各级领导，当时村书记、公社书记都迫切想改变贫穷的现状，是他们的努力成就了东田的现在。第三离不开东田的村民。这些勤劳的人民把我们的乡村建设得非常好。如今我们要让东田的年轻人知道，这幸福不是天上掉下来的，是党的政策和上一代人艰苦奋斗、创新创业出来的。"

一切的意义，只有离得足够远，才能看得真切；所有的绚烂，只有走得足够近，才能感受震撼。

2021年，是中国共产党成立一百周年。百年中国，沧桑巨变，风云激荡。站在2021年，回望东田改革开放四十三年的来路，路很长，成就很大，闪亮的字眼太多。四十多年的奋斗，写满了东田人代代相传的壮志，写满了白手起家的逆袭故事，也写就了如今宰相故里的盛景年华，更指示出继续前行的光明大道。

一滴水可以反映出太阳的光辉，一个地方可以体现出一个国家的风貌。一点一滴的变化，集合起来就是磅礴的力量。东田，是典型，更是镜子，折射出一个中国普通乡村求生存、求发展、求振兴、求小康的艰辛奋斗历程。

如今身兼"国家森林乡村"和浙江省"魅力新农村""历史文化重点村""电子商务示范村"等多个荣誉称号的东田村，带给全世界的是中国建设社会主义现代化强国之美丽乡村的"东田样本"。

——正是这样一群又一群人、一个又一个村庄，推动着中国的发展进步，折射出中国改革开放、小康之路的伟大进程。

上篇 | 闯出来的路
——乡村企业的旗帜

第一节　破除发展壁垒的全面改革之路

东田的小康之路是靠两代东田人一步一个脚印，踏踏实实踩出来的。这是镌刻在东田人集体记忆中最深、最切，也最骄傲的一段过往。

20世纪70年代末，耕地不足的严峻现实逼着东田人去开拓思路，寻找发展经济的新路子。在几任敢于吃螃蟹的党员干部的带头探索下，东田足佳皮鞋厂盛开了，成为闻名全国的浙江足佳鞋业集团公司。没有厂房，他们利用村里的旧礼堂做工场；不懂技术，他们从上海请来"星期天师傅"；交通不便，他们藉着江南水乡那互相沟通的河道，摇船至三十里外的长安镇接人送货……在一橹一桨的欸乃声中，东田人往返吴江，学技术、学办厂，正是这样的自强不息、拼搏进取精神，才有了制鞋产业的蓬勃兴起。

一、第一个带泥腿子上岸的村党委书记陈永泉

20世纪50年代至70年代，还是比较贫穷的年代。绝大多数从那个岁月过来的人，对当时的艰苦岁月记忆犹新。

古人说，民以食为天。东田，顾名思义有田，按理农民应该有吃有喝，然而，五十年前，东田的百姓为了吃饱，却经历了酸甜苦辣。几千年单打独斗的农民，经过合作化组织起来，村里的土地由生产队集中管理，那时的村民都成为集体生产队的社员。社员想要种植土地则需要统一参加生产队的劳动，还要交纳公粮。实行的也不是工资制，而是工分制。每家每户都有一个或多个工分簿。白天，社员们都在生产队里劳动，傍晚晚饭过后，便都集中到生产队的办公室，戴着老花镜的老会计，便为劳动者记录一天的报酬。当时一个正劳力每天十个工分，上午三分，中午四分，下午三分，劳动技能较差或体力不足的妇女、儿童每天工分则一至十分不等。根据季节不同、出工时间不同，每天所得工分也不同，基本劳动时间给基本分，开早工、加晚工，根据时间长短另加工分。到了年底，把生产队一年的收入（主要是粮食，外加很少的副业收入）和一年全队所有劳力的工分总和进行相除，就能算出当年一个劳动日值多少钱了。一般一个壮劳力工作一天，相当于挣了两角钱。（当时一盒火柴八分钱，一枚鸡蛋五分钱。）

在那个靠天吃饭的年代，生产力并不是很发达，大家最怕的就是天灾年份，庄稼的生长没有保证，到了冬季只能寻找其他的食物养活自己和家人。但即使挨饿也得交公粮。交公粮，指的是农民将所种收获的粮食按标准无偿交给国家，算是支援国家建设。那个时候的粮食政策是"统购统销"，每个生产队根据土地面积、肥沃程度，公社定一个指标。庄稼收获的时候，社员们精心

挑选上好的粮食晒干,挑着担子,摇船或是走上几里乡间小路去交粮,一亩地需要交一百至二百斤的公粮。在老一辈村民的记忆中,如果不能风调雨顺,那一家人、一村人都会惶恐。

由于采取"三级所有,队为基础"的核算方式,社员挣工分,队里按人口分口粮,其实就是社员用自己的工分买口粮。一年下来,除去公粮、口粮,剩下的粮食被卖掉之后,村民便和生产小队根据工分进行决算,分享卖粮收入所得。如果一个家庭里面男劳力、好劳力多,小孩、老人少,那么这个家庭挣的工分自然就多,决算分配也就占得多。除了扣去口粮款外,年底还能分到一些钱。相反,如果一个家庭男劳力、好劳力少,小孩、老人多,那么这个家庭挣的工分就少。挣的工分不够口粮款,就得把差额的部分给队里补上。因此孤儿寡母那种劳动力少的家庭,一年到头给队里干活,不仅挣不到钱还要亏空,过年时还得问队里借上十块二十块。

即便是强劳力家庭,也没法顿顿吃大米,也就是勉强能吃饱。吃好、吃得营养,那想都别想。豆多时吃豆,南瓜、地瓜成熟了,就变着法子天天做了吃。想要养只羊,就得去信用社贷款。一旦羊生病死了,钱就全赔光了。

有胆大男孩,夏天时下河去摸些螺蛳河蚌,就是一顿难得的大餐。好的年景,过年时杀一头猪,猪肉基本卖掉,把猪的生油熬制成熟油,装进罐子里,这就是一年全家人的食用油了。

集体时代,大人们在生产队干活,要一直干到腊月二十九才放工，条件好的人家会买一点点猪肉，或者买个小猪头，一整个正月，只要家里来客人了，就拿下来切一点炒菜。或者买一条鲤鱼，鱼放在菜上面，大家都知道是摆摆样子，都围着菜吃，那上面有一点鱼鲜味。杀一只鸡，要请二十多次客。一顿饭下来，也只有小孩子能吃上一筷子鸡肉。

那时大部分村民没有钱买砖，就把泥土用模具做成砖的形状晒干，建成平房。经过日晒雨淋，日久之后，屋内屋外都看不到砖的模样，成为土墙。屋里的地面不是砖，更不是水泥地面，就是和外面路上一样的土面。一家人挤在狭小、低矮、阴暗的房子里，很多村民的窗户也没安玻璃，就是用塑料布或破布遮挡，到了冬天，屋里就非常地冷。

那个岁月的人们穿衣也总是捉襟见肘，好多村民花钱买一身衣服，一穿就是好几年。四五年不买新衣服是常见的事，孩子们的衣服都是老大穿过老二穿，老二穿过老三穿，以此类推。好多人的衣服上都打满了补丁，洗衣服的时候都不能用力搓，一用力就会再破一个洞。鞋子也总有些破烂窟窿。

从村口走到村尾，只有一条泥巴路。那条泥路，还是村民们用锄头挖出来的。泥路蜿蜒，平均宽度不到两米，长约两公里，串起家家户户。泥土黏重，下点雨，就会变得非常难走。甭管穿上什么鞋子，一脚踩下去，一不小心就拔不出脚来，即使卯足了劲拔出脚来，也是泥水四溅，头上、衣服上，到处都是泥点点。一条泥路，再加一条水路，就是全村人连接外面世界的通道。

1978年《实践是检验真理的唯一标准》发表，文章从理论上否定了"两个凡是"的错误方针，在全党、全国引起了强烈反响，一场关于真理标准问题的大讨论在全国展开。这一年年末，安徽小岗村里的十八户农民秘密按下手印，实行包产到户。不久，东田村也跟着搞分田到户大包干了，统一采取包干到户的形式：各承包户向国家交纳农业税，交售合同定购产品以及向集体上交公积金、公益金等公共提留，其余产品全部归社员自己所有。虽说本着"耕者有其田"的原则，全部耕地分田到户，人口分口粮田，劳力再分责任田，但真正丈量完土地分了田，家家户户傻眼了。地固然有，但分到每一家的这么一点地，能吃饱饭，但绝对不能让一家数口过上好日子。

采访时，很多村民回忆，实行了土地承包责任制后，生产的粮食开始有了剩余，但是由于当时的生产力比较低下，也属于传统的种植模式，虽然不再饿肚子，但日子过得还是穷巴巴的，家里往往连件像样的家具都没有。屋里放东西的桌子是用砖和泥垒起来的，院墙也是用泥巴混合麦秸秆做成的土墙。大人们每天起早贪黑去地里干农活，也只是刚刚温饱而已。

70年代末的东田，还看不出任何即将要经济腾飞的迹象，但是一股除旧立新的力量已经在酝酿。这是一个改革风云激荡的年代。

曙光初现，缘于陈永泉的回乡，这个当过兵、见过世面的年轻人，将带动一场改变东田的经商浪潮。

美丽乡村的"东田样本"

陈永泉书记，摄于 2021 年

初见陈永泉，这位出生于 1941 年、今年七十九岁的老人，衣着朴素，面容慈祥。在村里的尼姑庵念完小学，他去洲泉镇上读了一年初中后，响应国家号召，光荣参军，成为了一名铁道兵。铁道兵是一支英雄的部队，首任司令员是王震上将。告别家人，踏上北上的列车，先在距离天安门六十公里的北京房山县开始了为期三个月的新兵训练。当时所受的教导是："部队要听党的话，党叫干啥就干啥。"至今，这句话仍被他牢记在心。

铁道兵有一首著名歌曲，《铁道兵志在四方》。"同志呀！你要问我们哪里去呀，我们要到祖国最需要的地方。"在铿锵歌声中，陈永泉在青海修过公路，在内蒙修过兵工厂，后来又跟随部队来到四川修成昆铁路。成昆铁路的修筑，为人类在险峻复杂的山区建设高标准的铁路创造了成功的范例。但在高难度的建造过程中，也付出了沉重的牺牲代价。

在这悲壮的工地上，陈永泉的聪明机灵充分发挥，既保护了自己不受伤，也保护了班里很多年轻战友宝贵的生命。因为大部分工程是在深山峡谷中架桥凿洞，对待石头的办法还是用炸药爆破，因此最常面临的危险是巨石突然砸下。陈永泉仔细观察后发现，只要从悬崖上头开始劈里啪啦往下落小石子，马上就要后撤到安全区，否则就很可能被巨石砸伤甚至砸死。

1965 年陈永泉光荣入党，1968 年他复员返乡前已经是支部委员。回到东田村后他先在生产队里劳动，后来又奉命管账，无师自通地学会了"现金账""实物账""分户账""存款账""记账凭证"

以及每年的"收益分配表"和"年终决算表"等。不久，根正苗红的他又接受安排做了活跃于乡村的毛泽东思想文艺宣传队长，队员是从村里各生产队挑选出来的，通过革命故事巡回演讲、农业学大寨专题文艺汇演、放幻灯片、戏曲和民歌调演等活动宣传党的方针、政策和毛泽东的思想，大家并不脱产，报酬是在原所在队记些工分。

"当时可没有现在的话筒，也没有好的扩音设备，全靠大声喊，有时真的是声嘶力竭。"从创建井冈山革命根据地，到一路向北落脚延安，再到辽沈、淮海、平津三大战役中的运筹帷幄，他讲得跌宕起伏，村民们个个听得津津有味。每次只要有他的节目，总能吸引大量观众奔走相告。大人们站在外围，孩子们神情专注围坐里面，秩序井然。支部整顿时，为了加强支部的领导核心，陈永泉被大家推选为东田大队党支部书记。

当过兵的陈永泉见多识广，尤其在部队，不缺吃不缺穿，每个月还有六块钱工资，回来看到村里还是那么贫困落后，心情很沉重。尤其自从东田全面推行家庭联产承包责任制后，劳动生产率大大提高。包产到户后，人多地少的东田因此释放出大量的剩余劳动力。然而除了农田、畜牧、蚕桑，东田没有别的资源，村民们仍旧过着看天吃饭的农耕生活。若风调雨顺，这年就能解决温饱，而如遇到天灾人祸，半年的吃糠咽菜便少不了。

千百年来，村民习惯了耕田而食的自然经济生活方式。但随着人均耕地降到一亩一分，这就逼着村民去开拓思路，寻找发展

经济的新路子。"当时没有生意做,种地粮食又不够吃。"村民们都很苦恼。更苦恼的是村里的一些年轻女性,作为家庭妇女,不挣钱就没有经济自由,花钱都要问家里的男人要。思绪起伏的陈永泉在等待,他活泛的心思,很快将带动一场改变东田的经商浪潮。

1978年,党的十一届三中全会召开。陈永泉想:该从传统农业中走出来,壮大集体经济了。彼时,政府已经鼓励村民先富起来,好购买农用拖拉机、脱粒机、烘干机等,实现农业机械化。但靠农业的那点收成,东田搞机械化几乎是"空中梦想"。春拖犁耙,夏挥铁锄,秋舞镰刀。每到农忙季节,还是只能靠人力劳作。

一次偶然机会,陈永泉参加了县里组织的外出参观活动,对方是无锡下面一个村,村庄生产高温高压溢流的染色机,主要用于当时尼龙原料的产品,如尼龙袜、的确良布料等,供不应求。这给了陈永泉极大震动,同时也坚定了必须搞工业的决心。在他看来,农业靠天吃饭,但工业可以风雨无阻。而且工业发展了,农业即使无收成,也不会饿肚子了。这是当时陈永泉最朴素的想法,但他的想法遭到了前任书记和民兵连长的反对。反对也有理由,那就是他们学习所见的高温高压染色机能耗高、排污高,环境污染得非常厉害。而且不是任何工业在农村都可开办,在农村开办企业必须符合"三就"标准:就地取材、就地加工、就地销售,否则不予批准。符合此条件的只有砖瓦厂,但当时的砖瓦厂已有许多村开办,市场已近饱和。

东田要想富,该走什么路?思来想去,陈永泉觉得,不能再守着这块田了,泥腿子也要上岸,他找到了东田第一任党支部书记赵正坤。两人在田埂上来来回回地走着,商量着。这时,一个头戴凉帽的年轻姑娘的身影映入了陈永泉的眼帘。夏天当地农民出门,一般都会戴上一顶凉帽,凉帽是用麦子秸秆加工出来的,金黄色的秸秆编织成条状的长带,长带螺旋式盘成圆圆的凉帽,旁边耳朵的位置缝上两根长长的布带,凉帽戴好后,把带子系在自己的下巴处拉紧扣牢,凉帽就不会在头上被风刮动和打转了。简简单单,却是千家万户夏日里必备的避暑工具。凉帽的用途比较广,它既可以晴天遮挡烈日暴晒,保护好面部和头部;阴雨天又可以保护头脸不被雨淋;翻过来又可以盛点东西;在田头干活既可以当扇子使用,又可以扣在"点心篮"上当食罩用。不仅轻便适用、经济实惠,还很方便携带。

那时的浙江农村,家里的女性大多会做凉帽,甚至不少男性也会做。做凉帽手法不难,也比较轻松,上了年纪的妇女一天能做一顶,而年轻女子一天做两顶不在话下。此外做凉帽还不受场地限制,走村串户的,六七个人坐在一起,边聊天边做活,比收割稻谷和插秧不知要轻松多少,不知不觉,一顶凉帽就编织好了。

不如就开个凉帽厂?这主意一出口,就得到了赵正坤书记的支持。两人再分头一打听,算上周边地区,足足有五十四万人口,而整个嘉兴地区当时还没有一个凉帽厂。说办就办,然而好景不长,这个凉帽厂只开了不到两个月就关门了。原来,如果是

普通麦秸凉帽，农民们不愿花钱。而样式比较时新的凉帽，所用的编织材料其实是莞草。莞草又称咸草，是一种野生于咸淡交汇水域的草本植物。它碧绿、柔软、粗壮、高挑，质地润滑柔韧，但在东田水域无法生长。凉帽做好后，还要运到专门的草制品厂进行再加工，用机器压一下，再用黑色的塑料带围上一圈作为装饰，凉帽才变得时尚漂亮。这样一来，买草的成本加上工人工资，是卖一顶凉帽的几角钱所得无法承担的。

第一次探索以亏损工人折合人民币几千元的工分而宣告失败，置办下的编织草料被陈永泉送去了供销社，卖东西时用它捆扎包装。这次失败让他在村里有些抬不起头。正当他一筹莫展，不知该以什么产品切入工业时，村里来了一个远房亲戚——郑鹏路。郑鹏路是上海橡胶一厂的技术科长和工程师，他的外婆家在东田，1978年那一年，他身体不太好，回到老家养病。陈永泉先只想到托他给村里买一台二十一英寸的电视机。"上个世纪50年代，中国流行过这样一句话，'社会主义，就是楼上楼下电灯电话'。那是对进入电气化时代的一个形象的概括，可那个年代，人们的温饱才刚刚解决，楼房、电话这样'远大'的梦想都是可望而不可即的事。"

当时乡里有支放映队，带着电影和设备，走遍了每一个庄。卖电影票的收入很可观，一部电影是三十五元，一个晚上如果放两部就是七十元，这些钱都是各个生产队出的。陈永泉和组织商量，利用一部分电影票收入，给东田买了一台电视机。电视机放在大队办公室，调台的不是遥控器，而是一个旋钮把，虽然上面标着有十二个台，但基本上只能收看三个台，按照级别划分，就是中央台、省台和地方台。虽然能收到杭州台，但上海台却常常看不了。村民们兴致勃勃，几乎都挤来看电视。晚上十点左右，电视节目结束了，意犹未尽的人们还盯着屏幕久久不愿散去。陈永泉自己却不看，他和郑鹏路两人坐在办公室里聊天。郑鹏路是一个非常能干的年轻人，喜喜牌皮鞋底就出自他的设计，因此他与皮鞋行业有交集，对市场也有一定了解，思来想去，他建议陈永泉，不如开办一个木跟厂。原来，好皮鞋的木跟必须是实心，全手工生产，桑木是不经用的，得用乌桕木。而乌桕树的产地主要就在江浙一带。生产出来的木跟，则主要供给上海。

因为有行家指点，木跟厂顺利办了起来。有了信心的郑鹏路又建议陈永泉开办皮鞋厂。皮鞋厂的投入远远大于木跟厂，这下，村里又有了质疑的声音。"他头上戴的东西卖不好，这回要卖脚上穿的了？我们这个村子肯定要被他败光了。"陈永泉以开玩笑的方式宽慰大家："皮料要是积压了，还可以做手表表带。"

原本支持过他的赵正坤书记也站到了反对的那一边，最后召开了代表大会投票表决。陈永泉做完鼓舞人心的演讲后直接宣布散会，最终支持的声音盖过了疑虑的声音。了解到江苏吴江有皮鞋厂办得非常成功后，正式办厂之前，陈永泉还邀请了赵书记和民兵队长去那里参观。那家鞋厂起步时只有不到二十个工人，向中学借用了几间宿舍，赊欠了一些合成革作原料。公社给拨了

三千块钱，银行给了三万块钱贷款，技术是请上海师傅来帮忙的，皮料则从安徽、河南等地购进黄牛皮后进行硝皮处理，硝皮后的皮革既柔软、牢固，又耐磨，不容易腐败变质。一开始由职工自带脚踏缝纫机生产，后来每年生产近两万双皮鞋，拿着现金来买鞋的人络绎不绝。那时参观学习需要自己背上大米，大米吃完，两人高高兴兴地回来了，说是放心了。

目标确定后，就开始了这场在当地人看来史无前例却又前途未卜的事业筹备。但当时的东田一没原料，二没资金，三没设备、技术，困难重重。因为江苏吴江皮鞋厂的技术力量很强，郑鹏路就通过关系联系到了这家皮鞋厂，要求其接收东田的十六名村民学习制鞋技术，一开始遭到了拒绝，郑鹏路就以停止对他们供应鞋底为要挟，迫使他们接受了东田的十六名学徒。

"东田皮鞋能发展到今天，和村民的辛勤劳动密不可分。从只知种田的庄稼汉，到成为有一技之长的技术工人，东田人在不断学习和摸索中逐渐成长。没有人可以什么东西都会，只要用心钻研一样东西，就一定能成功。"陈永泉如是感慨。正是凭着这样的信念，是年夏天，赵雪荣等十六名村民，自带粮食、蔬菜，分批去江苏吴江皮鞋厂接受培训。从车包、夹包、复底成型等最基础的活做起，后来一个个全都成长为东田皮鞋厂的技术奠基人。

另一方面，陈永泉想方设法把营业执照办了出来，商标沿用了上海一个皮鞋商店老字号"足佳"，并凭营业执照从大队公积金里贷了三千元作为启动资金。为了获得这笔贷款，胆大的他先斩后奏。"当时工厂还没有批件，我私人去申请，又不放贷，那时私人只能为了买羊买猪去贷农业贷款，还没有工业贷款，最后是以东田小农场的名义贷的款。小农场那会儿刚卖了稻谷，去信用社存钱，我就把那笔钱贷出来了，但事先没跟小农场打招呼……"这种违章不违法的行为害得信用社主任挨了组织上的严厉批评。不过后来，随着足佳皮鞋厂的腾飞，这位信用社主任也成长为桐乡农业银行行长。

这次探索如果再次失败，所有损失都得陈永泉一人承担，那就得倾家荡产，但他完全没为自己着想过。没有厂房，则因陋就简，利用村里不到一百平方米的旧礼堂的简陋平房作为厂房。十六名学了技术的村民作为师傅，每人带一个徒弟，就是最初的厂里职工。从上海获得了做鞋子的模具，再通过郑鹏路的帮助，从上海聘请了五位"星期天师傅"上门指导。

所谓"星期天师傅"，曾经在改革开放初期风靡一时，就是指上海的技术工程师利用星期天和节假日到农村去帮助指导，推动周边农村的乡镇企业获得一个空前的发展和技术提高期。

怎么请呢？"比如他们在上海拿八十块钱工资，我这里花一百六十块请，翻一番。"每个周末村里会派船，村民们就摇着船桨，到三十里外长安镇上的火车站接送上海师傅。东田人热情好客，每当上海师傅过来，总要备好一些农副产品，比如上海人爱吃的鸡毛菜、家养鸡，还有河里的螺蛳、活鲜鱼等等，待师傅回沪的时候，就让他们带回去。师傅们一方面利用星期天节假日到

稻谷飘香、空气清新的乡下换换环境，同时又能为家人带回一些新鲜的食品，还有外快可赚，很是高兴，一来一回，就像走亲戚似的，跟东田人关系处得非常好。就这样，在这一橹一桨的欸乃声中，在上海师傅们的帮助下，鞋厂办了起来，村民们也学会了制鞋技术和办厂的经验。生产出的产品又可以直接交给上海的大厂子，赚的是实实在在、没啥风险的现钱。就此，东田闯出了一条新路。

1979年春，东田大队在坝桥头筹建的足佳皮鞋厂开始生产第一双鞋子，从此走上了兴工富村之路。

当年10月1日，陈永泉召开全村社员大会，厂里将皮鞋包装好，摆放在会议现场，向村民公告皮鞋厂的成立和最初的成果，也藉此向国庆献礼。皮鞋厂当年就产生利润三千七百七十三元，在办厂的第二年，足佳皮鞋厂就创造了盈利二十六万元的奇迹。1981年利润增加到六十万元。这样的速度连创办者都始料不及。

"我们的皮鞋在市场上都不够卖的，皮鞋厂工人要想买双鞋也得通过抓阄才能轮得上。"当年的足佳皮鞋一双要卖十几块钱，很贵，农村的泥路也不太适合，所以主要供货大城市。"摆在大上海商店门前，顾客人头攒动，每个人手里都抓着现金，一手交钱一手交鞋，但营业员往往只是随便给上一双，合适的尺码还得顾客们自己互相交换。"今年已近八十岁的陈永泉回忆起当时的盛况，依然语气激昂。

一手打造出成功乡镇企业典范的陈永泉很快被调去桐乡担任

美丽乡村的"东田样本"

1979年10月,东田大队办起第一家皮鞋厂

公社乡党委书记,另一个年轻人开始崭露头角,将足佳皮鞋厂带上了一个更高的台阶。

二、第一个搞起"托拉斯"的东田人沈玉兴

1959年,沈玉兴出生在东田一个普通农民家庭。父母加上姐姐、妹妹一家五口人,他是家中独子,出生那年正赶上三年自然灾害。大饥荒的年代,农家能养活三个孩子就不错了。饭有得吃,菜里却是不见什么油花的,更别提吃肉了。

1973年他十四岁初中毕业,虽然很想继续读高中,但大字不识一个的父母已经被贫穷压得喘不过气来,就连十元一年的学费也筹措不出了。父亲找他商量,说真不行,去借钱给你读。想到姐姐同样因为没钱,没念过一天书,在父亲的劝说下,他只好含泪无奈放弃学业。"家里没钱,我不能那么自私地增加他们的负担,但是心里很不开心,跟父母生了很久的气,还很孩子气地跟他们说,不开心是我自己的事。"

没能念高中就被迫辍学,这是他一生的心结。日后他事业有成,村上的费金伦书记一找到他,希望他捐学助教,他二话不说,慷慨解囊三千多万元,丝毫不吝惜自己辛苦赚来的钱财。他只希望,能用教育来振兴乡村,让东田的孩子能够拥有一个良好的受教育环境。在他看来,只有提高基础教育的质量,才能够为社会输送一流的人才,另一方面,有些村里的孩子可能不会读大

学，那么更应该让他们在中小学期间接受良好的教育，这将让他们受益一生。

在初中时他的学习成绩很好，尤其是数学，因此生产队里最先安排他担任记工员。记工员每天除了参与劳动，还要到记工房，把队员每天的出勤情况记录在册。工分是社员先自报自己一天应得的工分，再由众人来评议。如果大家对自报没有意见，就按自报工分记工；如果有意见，则由大家评议确定。沈玉兴那时年纪小，同样劳动一天，只能报三四个工分。他却给自己报了四分半。"大家说我报得太高了，我就背《毛主席语录》。整个生产队，我的记性肯定是最好的。"比如"我们应当相信群众，我们应当相信党"，"人民群众是真正的英雄，而我们自己则往往是幼稚可笑的"，这些语录帮助他，无往不利。

冬天时开始搞农田基本建设，在公社范围内进行大规模统一部署，协作全公社劳动力平整土地，格田成方。平整土地工作量大、困难多，当时为了坚持抓革命、促生产，革命生产两不误，公社是把土方任务分到各大队，再落实到生产队和人头上，分段包干的。沈玉兴负责土方测量，包括挖方量、弃土量、回填量等，他算盘珠子拨几下，计算出来的数字相当精确，队员们从无怨言，村里唯一的老会计也对他赞不绝口，几次说要让他未来接自己的班，这更给大家留下了聪明能干的好印象。

有时村校东田小学哪位老师生病了或是有事了，校长也会第一时间请他去代课。要上语文他就给孩子们讲故事，要上数学他

就教孩子们打算盘、学心算。日后带领东田走出困境的著名"咬金书记"费金伦，就做过他的学生。

1975年，公社又组织大家清理东田港的淤泥，沈玉兴被大队派去公社计算土方。1976年河道恢复后需要重新造桥，县里派来了一支桥梁队，为配合工作，公社开始筹建社办企业性质的水泥预制件加工厂，大家对沈玉兴的能力有口皆碑，将他留在了厂里。"等于是吃上皇粮了，当时生产队都没其他人能进，是不得了的。"

虽然还是记工分，但额外有了一份补贴，"一天一毛五分钱，一个月能有四五块钱，那时还没满十八岁，很开心。"

沈玉兴从小就是孩子王，他为人比较直率大方，而且心中有主意，就连年纪比他大的孩子，也总是聚集在他身边。进厂之后，需要有人跑供销，厂长就找到了他："小伙子，脑子好，能说会道，又挺有思想，你来负责采购推销吧！"

制作水泥预制板，需要先用木板钉制空心模型，在模型的空心部分布上钢筋后，再用水泥灌满空心部分，等干后敲去木板，剩下的就是预制板了。70年代弄不到钢筋，怎么办呢？大家想到用钢丝来代替，而使用钢丝绳最多的地方，自然是在矿山和矿井中。将那里已经没韧度的报废的钢丝绳采购来，拉直后就能放进预制板。

于是第一次出差，去的是山东枣庄。枣庄煤矿是中国最早的三大煤矿之一。"结果同去的另一位'老市场'水土不服，一直拉肚子，没办法，我就自己去谈。"当时厂里准备了一份礼物，是一辆上海生产的凤凰牌自行车，一百八十元。"这份礼物之重，相当于现在一辆小轿车了。"沈玉兴自己做主，将自行车送给了矿长。回去后同事着急了，"他同意给我们钢丝绳了你再送啊，这下好了，他收了礼，又不给我们东西怎么办？"

虽然沈玉兴觉得，这好比是先有鸡还是先有鸡蛋的关系，但他第二天一早还是去矿长家门口等着了，矿长看见他就笑了，告诉他一会儿就把货给他发过去。

跑采购胆大如此，跑销售，沈玉兴更是如此，完全可以用"胆大、心细、脸皮厚"这七个字来概括。推销产品时他总是直接找上领导，同事们都很佩服他，问他一个农村人，怎么就敢跟城里高高在上的领导们直来直去？"有什么好怕的，人都是平等的。"

人人都该被平等对待、都该受到尊重这一点，沈玉兴始终坚持。

20世纪70年代的农村，非常重视积肥工作，勤劳的农民把农作物丰收的希望寄托于积攒更多的肥料。仅仅靠家家户户自己积攒的人粪尿、猪羊牛圈中的厩肥，显然远远不够。当时各生产队都建有容积在一千立方米左右的大型积肥坑，用来沤制优质的有机农家肥。

城市里不需要肥料，但那时城里人都在煤球炉子上烧饭菜、开水，炉子里烧的都是煤球、煤饼，这些燃尽了的灰和家里的各种厨余垃圾混合在一起就是很好的农家肥料。农忙时每天都要起早贪黑，到了冬天这样的农闲时节，生产队就会派村里的劳动力去杭州这样的大城市积肥。"记得太清楚了，那时我们总是四人一

组,去杭州城里人家里收垃圾,得摇船去,四五吨的船,每次两个人摇,轮班,要摇三十几小时,一天一夜以上。"严冬的河面上无遮无拦,寒风肆虐,摇船又是急不来的力气活。去的时候是空船,还能省点力气,回来的时候是满船的垃圾,头舱、中舱都装得满满的,船舷都碰着河水了,臭气冲天,就只能慢悠悠地摇着。

想要装满一船的垃圾,得在船上待个一周左右。吃住都在船上,船里备着用泥和柴禾涂成的灶,柴禾、碗筷、蔬菜、油盐等生活必需品。那灶也只能有时放在船头,有时放在船尾,大致是看风向而定的。一个冬天,每个年轻劳动力大概要出去收上三回。直到今天回忆起来,沈玉兴还是感慨:农民就是这么苦。

令他生气的是,每次他客客气气喊:家里有垃圾要收吗?对方却经常回应:垃圾,过来!于是他也不客气地喊回去:垃圾在哪里?他始终觉得,所谓的头衔、身份,不过是一个符号。人与人理应互相尊重,只有做到这点,才能贫穷时有尊严,富贵时有谦卑。这段经历也使他认识到:农村这么穷,不改变不行。"我们穷,但我们种田,是给天下人吃,天下人却看不起农民。"日后开始经营皮鞋厂,他也因为心里憋着这股劲,总是不怕苦不怕累,锲而不舍。

桥梁完工那天,从县桥梁队回村的路上,沈玉兴听到了中央人民广播电台播送的重要广播,毛泽东在北京逝世。那天是1976年9月9日,时间是下午四时。不久,他在水泥厂的工作宣告结束,他再次回到东田,重新过起了面朝黄土背朝天的种地生活。

虽然有着同他父亲一样的厚嘴唇、黑皮肤，但头脑灵活的他却没有继承父亲那不声不响、安分守己的性格。"工分虽然和过去一样，但原先厂里每月几元的补贴没了。"一个偶然的机会他发现，给县广播站供稿，如被采用，每篇是有四到六角钱不等的稿费的。于是他学写反映农村当前问题的小报道、小评论等广播稿，"找资料抄一些，平时多看报"，他曾创下平均七天发表一篇的高产纪录，受到了县广播站的欢迎和重视，"至少，抽烟的钱有了。"后来还作为优秀通讯员代表参加了县里的会议。

种种迹象已经显示出：这个不安分的农家孩子身上，富有罕见的学习精神。后来他出任东田的会计，旁观凉帽厂的失败、木跟厂的平平，那时他就想明白了一件事：做生意，首先得搞清楚，市场在哪里。

足佳皮鞋厂筹备期，去吴江学习制鞋技术的人同时学到了一点：想办好皮鞋厂，关键在于供销。没有可以干好供销的能人，再好的产品也只能烂在村子里。大家想到了他，决定让他全面抓供销。从原料、设备的采购，到去上海、北京这样的大城市推销鞋子，他从零开始。"我也跑去吴江学习，弄清楚了流程，然后就去上海找郑鹏路，在他指点下一一去跑。"

沈玉兴是个非常爱动脑子的人，比如每次出去推销鞋品，他总是每种款式的鞋子各带上一只。为什么不是一双鞋呢？"一来可以多装些样品鞋；二来有时客户喜欢，但只有一只鞋子，不好意思要，这样省下送礼的消耗。"

再比如，去采购物资之前，他会先给要去拜访的厂方供销部负责人写信，介绍一下自己以及要采购的货品，再告诉他们大概什么时候到。写信时他会夹一张单面复写纸把信留底。"见到人时就提一下这封信，如果他说还没收到信，那也没关系，把留底的这封信拿出来给对方看看，这样对方就会觉得我很有诚意，态度马上就不一样了。"

当时还是严格的计划经济环境，社队企业好比猴子，需要与国有企业这样的"老虎"抢食吃。郑鹏路介绍的那部分关系，他盯得锲而不舍，同时关系托关系，慢慢扩大着资源网络。"采购比要饭还难，要饭还可以一个不给再问下一个要，采购就只能这家，不给就没有。只能每天给自己打气，坚持热脸贴冷屁股。"

有两个"冷屁股"，沈玉兴至今记忆犹新。"一次去北京王府井百货推销鞋子，先到柜台上，通过柜员找到经理，给他看了咱们七八只样品鞋，他看了看说，要么我给你供点货？"这种高高在上的傲慢劲儿时隔四十年沈玉兴依然历历在目。

还有一次受挫则是在原料采购环节，沈玉兴三次上门求购，那家上海的皮革鞋料店经理三次婉拒，客客气气把他送出门去。他打听到副经理同为浙江人，求上门去，但副经理无权批货，不过告诉了他经理的住家地址，"在城隍庙人民路附近。我带上礼物去敲门，他一见是我，说你这是干什么，直接把我赶走了。过两天再去敲门，一开门，人家说，'怎么还是你？你想干什么？我告诉你，你不要来找我'。第三次再去敲门，趁他还没开口赶人，我赶紧把手里东西放在门边,跟他说'对不起,也真没啥东西可送的,就带了点菜油',说完我转身就走,他在我背后叫住我,让我第二天去店里谈。第二天他果然接待了,也批了一些货给我。"

然而,这批货质量非常糟糕,为此,厂长赵正坤还开了个"批斗"会议,沈玉兴只能将自己的良苦用心和盘托出:"我知道这批货有问题,但是我们要打开这扇门,要跟他维护关系,必须先吃亏。"后来他再找那位经理拿货,对方给他的都是非常有竞争力的好货。

为了打开"足佳"销路,沈玉兴常年在外出差,去的最多的城市是上海。当时他有句口头禅:只要上海市场行,其他市场一定行。一年能在上海待上两百多天,主要工作就是在南京路这样的大街上逛,"上海是我们的制高点,我们必须进驻那里。"每个鞋店他都进去看看,估摸市场上最受欢迎的鞋子是怎样的,"买上一双,让工人们拆开,一学就会。做鞋不需要什么高科技,关键是要有市场变化的提前量,得有这个眼光。"因为了解需求、熟悉市场,一个社队企业做的皮鞋才洋气到能跟上海同步,从而销进上海、北京。

当然,最初开辟上海市场,那是经过好一番周折的。试生产了几个月后,成品出了一批,面向女性的皮鞋自然必须在大城市里找顾客,沈玉兴就带着样品到上海皮鞋店门前摆地摊。一开始他到处遭到阻拦驱逐。总算有一家商店看中了他的货色质量不差,就让他进店销售,抽头分利,从此打开了销货窗口。

最让沈玉兴觉得骄傲的是,"足佳"皮鞋后来顺利进入上海的

南京路中百一店和蓝棠皮鞋店。在上海,中百一店曾经代表了"行业第一",那超大的营业面积、光滑的打蜡木地板和琳琅满目的商品,在当时可以说是空前绝后。那时上海人都说,如果一样东西在中百一店买不到,那就意味着其他商店也不用再去问了。而蓝棠皮鞋店曾经是中国第一家专卖女子皮鞋的店铺。无论是国家领导人宋庆龄、邓颖超,邓小平的夫人卓琳、刘少奇的夫人王光美、陈毅的夫人张茜,还是著名电影演员白杨、王丹凤,京剧演员杜近芳、赵燕侠、李慧芳,越剧演员范瑞娟、戚雅仙等等,都是"蓝棠"皮鞋的忠实粉丝。"足佳"皮鞋何以能进驻如此高档的店铺?沈玉兴如今回忆起来轻描淡写:"就是拿着样品去,价格比别家稍微低一点,另外设计变得特别快。船小掉头快嘛,容易做决策。"

"足佳皮鞋匠,三天出小样,五天大批量,七天上市场,足迹留四方。"这句后来在浙江桐乡广大乡镇企业中广为流传的广告语的创造者正是沈玉兴。"足佳"终于以其上乘的质量、新颖的款式创出了自己的牌子,有了自己的立足之地。

乡镇企业刚刚起步的年代,市场上的各类公司,行事作风大多数可以用一个"稳"字来概括。沈玉兴算是一个特立独行的人,行事大胆且不被传统思维所拘束,他承认自己有着爱冒险的天性,就像大家都保守求稳的时候,他却敢畅想"足迹留四方"。也只有不安分,才会不断打破舒适区,不断开拓进取,不断创造辉煌。

很快,沸腾的80年代轰轰烈烈地来了,那是一个裹挟着国家和个体命运蓬勃发展的年代。沈玉兴敏锐地觉察到，人们的审美观念在不断提升，市场上对于皮鞋的颜色有了更多的需求，而不再是清一色的黑色。但当时市场上能买到的只有黑色皮革，其他颜色的皮革几乎没有。于是，沈玉兴向党支部提出创办制革厂的想法。当时东田的足佳皮鞋厂经过两年的摸爬滚打，已经发展成了整个乡里经济效益最好的骨干企业，但沈玉兴却未雨绸缪，让东田走出只能做黑色皮鞋的困局，也进一步掌握了市场主动权。

此时的陈永泉在青石公社任职，其他领导也要求他不要光顾着自己的东田，周边也要发展。同时也因为东田制鞋致了富，周边的其他地方也有了办鞋厂的强烈愿望。借此契机，东田的队办企业升级成了公社企业，以此带动整个青石片区的皮鞋生产。

当时的足佳皮鞋厂已经分为东田皮鞋厂与鞋楦木跟厂两个厂，同时青石公社也办了个皮鞋厂，邻村又办起了制革厂，于是四厂三方形成了"三足鼎立"的局面，互争市场，相互牵制，互受影响。而制革厂又与制鞋厂互不通气，质量、品种、规格不对路，制鞋厂用不上，制革厂产品大量积压，亏损了四万七千元，分散竞争带来了重重矛盾。

1981年底，四家厂共同面临着市场形势变化、产品滞销积压的严峻考验。怎么办？沈玉兴坐不住了。他向上级政府打报告，雄心勃勃地要把全公社皮革企业统统合并，组建一个"托拉斯"性质的集团公司，并递交了一个方案。沈玉兴在报告中指出：传统的乡镇企业是"鸟类型工厂"，发展不能再走"技术靠退休、供销

靠朋友,信息靠小道"这条路,这样面对竞争,随时都有被挤垮的可能。而是要走现代企业发展之路,把多个指头握成一个拳头出击,胜算就大多了。"如果能横向联合,那力量就大了。"沈玉兴如是说。

"大鱼要吃小鱼了,沈玉兴的野心也太大了。"村里议论纷纷。面对不理解的质疑,沈玉兴自己却坦然地说:"不可能人人成为将军元帅,我是可以的。"他苦口婆心地向公社领导和其他皮革企业管理者宣讲当时这种产业不配套、相互不协作、各自为政的运作方式不具备抗风险能力的种种弊端,以及横向联合的优势、好处,并和有关人员起草了组建公司的方案。

这个组建公司的建议得到了公社党委的支持,1982年1月1日,在公社党委领导下,各厂领导经过反复讨论,终于冲破了小农经济传统思想的束缚,统一了思想,决心走企业联合、向专业化协作生产方向发展的新路子。沈玉兴将全公社及各大队办的皮鞋企业组建成为嘉兴市桐乡青石制鞋工业公司(当时叫青石皮革工业公司),他出任总经理。一开始,这还只是一个以"足佳"皮鞋为"龙头",生产各种皮鞋的乡镇企业经济联合体,只有那三家村办企业和足佳皮鞋厂自愿加入组建。

那时沈玉兴就已经看到,市场对高跟鞋的需求较大,便又开办了鞋楦厂。回忆起那段光辉岁月,连他自己都觉得"胆子太大了"。当时的形势是乡镇企业如雨后春笋纷纷冒出,一个浙江省1981年的皮鞋库存量相当于全省1982年九个月的产量,而在

美丽乡村的"东田样本"

意气风发的沈玉兴（左一）

1982年本身就产大于销、供大于求的背景下逆市而上的风险实在有点大。

伴随着公司的成立,一方面,原本互相小范围竞争的对手立刻变成了可以联合起来与外部更广阔市场竞争的伙伴,形成了生产、经营上的优势,产品的市场竞争能力大大提高,生产成本降低,企业不断发展壮大。

另一方面,沈玉兴狠抓销售。"我亲自带着销售员去跑市场,跑热一个地方就交给他们,我再去攻下一个。"乡镇企业劳动力成本低廉的优势,也被他敏锐地发现并运用,"当时我用了人海战术的笨办法,别的厂上十个销售员,我们就上一百个。"

联合当年就获得显著效益,皮鞋产量达二十三万双,产值三百六十一万元,利润二十八万元,均比联合前翻了一番。联合前亏损四万七千元的制革厂,也盈利七万八千元。联合前的公司固定资产才二十几万元,后来增加到二百六十九万元,增长了十几倍。联合体初战告捷,大大增强了大家巩固联合、发展联合的信心。

那之后沈玉兴又陆续联合了一些新办鞋厂或以乡村合办等形式开厂,最终打破了原有生产队的界限,全乡十个村都联合起来,建立了制鞋厂,大做"一条龙"的文章。仅仅用了三四年时间,这个再普通不过的乡镇企业,就在皮革业不断发展的基础上不断壮大,逐步扩大配备辅助厂,先后开办了纸盒厂、帆布车间和皮鞋底厂,还扩大了制革厂和鞋楦木跟厂,发展到有十家制鞋分厂、一家运动鞋厂，以及制革、鞋楦木跟、包装纸盒、制底等五家配套厂共十六家乡村企业组成的专业化协作生产的制鞋联合企业，形成了从设计、制革、制跟、制楦、制鞋、测试、包装到销售的配套齐全的生产体系，基本上全乡村村有鞋厂，产生了"托拉斯"规模和效应。这在全国乡镇企业同行中还是第一家。从生产皮鞋数量和生产规模来看，成为浙江省规模最大的专业制鞋集团型企业，在鞋业市场上拥有了更大的话语权。

就拿 1985 年那一年的数据来说话吧：共生产各式皮鞋九十三万五千双，完成工业总产值二千一百一十五万元，实现利润一百九十一万元，上交国家税金九十五万元。生产的"足佳"牌、"青鸟"牌皮鞋的足迹已遍及二十一个省市。仅京、津、沪三市年销售总数就达五十万双以上。

那时，不仅是东田，桐乡的社社队队，因地制宜办起的小厂，使许多能功巧匠有了用武之地，并且通过集体的力量，使散落在民间的智慧和经济活动形成了强大的集体经济活动，从而对促进当地经济建设、加快农民发家致富起到了强有力的推动。在制鞋公司工作的工人当时已占全乡乡村企业职工总数的 42.5%，工业总产值和实现利润均占 60% 以上。

当时各级领导来考察，一般开会在嘉兴，但参观都要去"足佳"。桐乡全县都没有造五层楼的技术，公司从上海请来设计师，建成了桐乡县第一幢五层楼的现代化厂房，拥有了桐乡首部电梯。那时的足佳集团公司下属十三家皮鞋分厂、一家胶鞋厂和五家辅助生产配套厂，在全国都算是大型制鞋企业。职工达二千三百名，占全乡乡村企业职工的42.5%，一年光发工资就达到一百七十八万八千元；拥有各种设备六百二十台，具有先进水平的大型生产流水线一条，开发新产品的能力不断增强，"足佳"皮鞋也成为非常受欢迎的"土特产"。

更让当年的客商、参观者印象深刻的是，在接待室中，雪白的墙上挂了一幅巨幅的地图，地图上是呈辐射状的红线，标示着"足佳"已经"占领"的国内大城市——在上海第一百货和北京西单商场等大型百货公司和名店都设有"足佳"的专柜，在西欧、日本、俄罗斯、中东、东南亚等地也享有较高的声誉。这些成绩离不开"足佳"人的大胆与智慧。

比如，公司最开始首推尖头高跟鞋时，市场上还非常少见。那个时候整个市场都还比较保守，既不敢卖高跟鞋也不太有人敢穿高跟鞋。"足佳"的销售员们就在商场里把箱子打开，"打开以后营业员过来一看，就吸引了他们"。一时间，全国各地大商场竞相展销足佳皮鞋，"足佳"成了时髦的代名词。

经过几年的拼搏，由于用料考究、做工精细、款式新颖、造型独特、产品优良，足佳皮鞋挤进了上海、北京、杭州等各大市场，在全国二十多个省市、自治区建立了一百五十多个销售网点，其中年销售量一万双以上的就有二十九家，上海市销售总量达三十六万双，占40%左右。有一年一月在嘉兴召开上半年订货会，在限额订货的情况下，还是订出了五十二万双皮鞋。"足佳，足佳，走遍

美丽乡村的"东田样本"

开在上海淮海路鞋帽商店里的订货会

天下"的广告宣传也因此深入人心，公司也被评为浙江省"劳动模范集体"和"技术进步先进企业"。

回望当年，沈玉兴觉得，他走过的是在竞争中求联合，以联合的力量去竞争的道路，他深深地体会到，是联合给大家带来了生机，是联合使大家充满了活力，是联合的力量使他们敢于和大厂争高下，是联合使他们添上翅膀、腾飞四方。联合的道路是当年乡镇企业走向共同富裕的道路，也是发展有计划商品经济、建设有中国特色的社会主义小康生活的必由之路。

"皮鞋大王"沈玉兴因此成为远近闻名的新闻人物，他带领东田人创业的故事被报纸、电台、电视台连篇累牍地报道，1984年，《浙江日报》头版曾发文号召全省乡镇企业向步鑫生、鲁冠球和沈玉兴学习。那一年，沈玉兴年仅二十五岁。打破"铁饭碗"和"大锅饭"的中国城市经济体制改革先行者、海盐衬衫总厂厂长步鑫生五十岁，后来成为全球汽车零部件商业领袖的萧山万向节厂掌门人鲁冠球三十九岁。

同年，二十五岁的沈玉兴调任青石乡党委书记，成为当时桐乡最年轻的乡镇党委书记。第二年，他又成为嘉兴市乡镇企业局副局长。

沈玉兴后来辞官下海，2009年，他创办的佳缘创盛成为嘉兴唯一一家上榜"中国房地产百强企业"的企业。2018年，沈玉兴以二百五十五亿三千万元财富夺得"2018福布斯中国400富豪榜"第六十二位。如今虽然定居嘉兴，他却从未忘记东田，从未忘记自己的根在哪里。对家乡的反哺,也从未停止过。

回顾沈玉兴带领大家走过的发展之路,从零开始,从小到大,从弱到强,实现了跨越式发展。东田也因此形成了自己的鞋业基地,经过四十多年的艰苦创业,始终在开放道路上成为时代的"弄潮儿"。东田人的钱包鼓了起来,然而在沈玉兴心中,却从未放下过那一双让他走上致富之路的皮鞋。

有一天,妻子问他,"你老了准备做什么?"

他说:"我老了准备再回东田村开个皮鞋厂。"

"为什么?"她惊讶。

"我就不相信做不好皮鞋。为什么我们要去买国外八千一万一双的鞋,我们买的是个牌子。我想做出中国自己的名牌鞋。"

三、把新闻发布会开到北京人民大会堂的企业家俞敬民

曾经,作为光荣榜上首次公布的嘉兴第一批优秀乡镇企业家,他创造过一个属于改革开放的传奇,用敢闯敢试、敢为人先的理念与行动,挑起乡镇经济的大梁。他就是东田人俞敬民,嘉兴第一家中外合资企业的探索者。

当时,"足佳"皮鞋已经成为全省推进改革的榜样,然而,"足佳"皮鞋的大企业之梦并没有止步。东田人总是很早就敏锐地嗅到市场的气息,1984 年,通过上海"星期天师傅"的引荐,俞敬民认识了上海的两家公司,其中一家公司是上海最早做外贸的文

化体育用品公司。敏感的他立刻意识到,乡镇企业通过横向的经济联合后取得了一定的发展,但产品只能在国内销售,如果能和外资合作,那就另有一片新天地了。

为了引进外资、借力发展,俞敬民开始主动接触香港恒丰公司和香港国建发展公司,洽谈合作事宜。身为首批企业人,他有着对市场动向的敏锐触觉和居安思危的风险意识:企业要活下去,要强大,就要不断进取开拓。但由于当时的桐乡既不是经济特区,也不是沿海开放城市,香港方面顾虑重重,谈判进展很不顺利。"当时一个小企业、乡镇企业去谈外资,别人都感到奇怪。"

1985年,中国的国门进一步打开。对内改革、对外开放,和引进外资有关的优惠政策支持也相继出台。1月,经国务院批准,桐乡列入长三角沿海经济开放区后,双方的谈判才驶入了快车道。"当时,我们的产品都是通过上海一家公司出口,其中一个客户是香港人,对产品很感兴趣,想要与我们合作。而我们作为一家乡办企业,本身也想要引进一些先进的管理理念、技术设备等,只苦于没条件,也不认识投资商。现在有了这样一个机会,我们肯定要牢牢抓住。这与国家支持有一定关系。"

5月,经国家外经贸部批准,桐乡县青石制鞋工业公司与香港恒丰、国基贸易公司合资创办的青石前进鞋业有限公司诞生了。公司专门生产各类男女胶鞋、运动鞋、旅游鞋,产品90%出口,具有经营进出口自主权。前进鞋业产品远销港澳、南美地区

美丽乡村的"东田样本"

俞敬民亲自上阵,向大家推销新款皮鞋

和东南亚、欧美各国。

执掌青石前进鞋业有限公司的董事长就是俞敬民。

很快,青石制鞋工业公司与上海出口商品基地建设分公司、上海文教体育用品出口公司、香港恒丰公司、香港国基贸易公司五方签订了合资经营协议,就这样,"前进鞋业有限公司"顺利落户当时的青石乡。它是桐乡县也是嘉兴市历史上第一家"三资企业",即中外合资企业、中外合作企业和外商独资企业。这是东田人在开展联合上的又一个新的尝试。公司总投资为一百九十六万美元,引进港商外资三十五万美元,揭开了桐乡开放型经济发展的序幕。

也许现在看来,这几十万美元的外资实在太微不足道,但对桐乡开放型经济的发展来说,却具有着里程碑式的重要意义。"三资企业"是一个地区经济活跃度和开放度的重要标志,更是我国改革开放的最大成就之一。为什么要引进外资项目?就是引进产品、引进技术、引进资本、引进出口市场。"三资企业"的引进,不仅带来了资金,还带来了先进的技术和管理经验,助推了传统产业的提档升级和高新技术产业的稳步增长。

与第一位外商合作时,还没有什么非常明确的合资的概念,只是觉得和外资合伙,可以互补长短。在合资的过程中,乡镇企业的传统观念与合资方的管理理念很快有了第一次碰撞。按照惯例,乡镇企业职工在休息日、请假期间是不领工资的,但合资方提出按国际惯例休息日也要发工资。又如,合资方派来的副总经

1985年5月,青石制鞋公司与香港恒丰、国基贸易合资组建前进鞋业有限公司

理对车子管理非常严格,每次在驾驶员用车之后都要把车钥匙收去保管等等。

前进鞋业当年生产胶鞋一百五十万双,产品95%外销,经上海商检局鉴定,产品质量全部符合出口标准。随着"前进鞋业"捅破了桐乡外资工作那层薄薄的窗户纸,很快,一批"三资企业"在桐乡先后成立。到1990年时,桐乡已有"三资企业"七家,职工总数近两千,成为了地方经济不可或缺的重要组成部分。

和沈玉兴一样,俞敬民也坚信,乡镇企业要在经济联合中求发展。在公司内部,他推行两种形式的联合:一种是紧密实体型的联合。比如制鞋总厂和其他十个专业鞋厂以及制革厂的"人、财、物、产、供、销"均由公司统营,财务上分厂单独核算,按内部结算制度按月向公司结算,上交一定比例的管理费,用于公司统一经营和发展,各厂自负盈亏。这些分厂由公司统一下达计划,组织专业化分工生产,公司统一供料,提供鞋样、核算成本、制订价格,产品也由公司统一销售。分厂主要负责生产、定额管理、质量管理和内部成本核算等;另一种是半紧密实体型。如纸盒厂、鞋楦木跟厂、鞋底厂等辅助性配套厂。这些分厂在完成公司统一下达计划的前提下,还可自行单独开展供销业务,直接对外经营。如鞋楦木跟厂还为上海十几个单位配套,木跟和鞋楦外供数量占总产量的40%和60%。

除此之外,在公司外部,他也探索开展多种形式的跨地区、跨部门的横向经济联合,主要有以下三种:一是合资办厂。为了建立较为稳固的原料基地，他探索了用资金和技术同内地原料丰富的地区联合办厂的道路。最早的一次尝试是在 1984 年，与宁夏永宁县达成了合资办厂的协议，合办"浙宁皮革厂"。浙宁皮革厂正式投产后，生产羊皮革四万张，还返销了一部分作为公司原料。很快这种合作方式被推广开来，公司在浙江、上海、河南、山东、江苏、宁夏、新疆等地都建立了原材料供应基地。

二是技术协作。1984 年他又与江苏泗阳县皮鞋厂签订协议，用的是"足佳"的商标。仅仅努力了一年，就使得泗阳县皮鞋厂从一个连续亏损多年的企业转亏为盈，生产了一万多双皮鞋，效益也有了较大提高。

三是产销联营。早自 1982 年始，就先后与北京、天津、上海、杭州、南京、武汉等地的大商场建立了产销联营，即公司直接派人进入大商场参与经营活动。比如与北京西单百货商场签订了联营协议，由对方提供营业用专柜和库房、运输等，共同经营。合作一年销售了七十多万元，西单百货商场获利近八万元。1987 年 12 月上旬，在西单商场皮鞋专柜举办了"足佳"牌女式棉皮鞋展销，八百双棉皮鞋两天便销售一空。后来上海中百一店闻声而至，提供了八米半长的皮鞋营业柜台。在此基础上，他们在上海金陵东路开设了"足佳集团上海商行"，在杭州中山路开设了"足佳集团杭州商行"，使"足佳"牌皮鞋占领了商业"制高点"，提高了产品知名度和市场占有率。

除了上述内联形式外，在对外开放的新形势下，俞敬民还和团队一起,在发展内联基础上,努力使自己的产品打入国际市场,为国家创汇,把内联和外联结合起来。

一个乡镇企业,十多年来何以能在激烈的市场竞争中迅速发展,路子越走越宽广?回顾自己年轻时带领大家所走过的致富之路,"千言万语归结到一点,就是联合。创业—联合—发展—再联合—再发展。"在俞敬民看来,联合才是企业富有生命力的源泉。

企业的竞争说到底是人才的竞争。在联合竞争中,俞敬民越来越认识到乡镇企业同样面临着新技术革命的挑战形势,为此采用了外聘内培两条腿走路的方针。内培方面,可以说是不惜本钱进行了智力投资,先后选了五名员工去浙江大学、中央广播电视大学学习;又选送八十多人参加省、县企业管理培训和技术培训;在职干部参加中国农民大学函授部学管理、学财务的就有三十多个;先后送了四千多人次参加各个单位举办的企业管理、质量管理及技术培训、上岗培训班。这些在职干部、职工边学习、边实践,逐步提高了经营管理水平和职工队伍的素质。最后企业索性创办了一所职工学校,聘请大专院校的教授、企业内部的工程师对职工进行轮训,大大提高了职工的整体素质。

引进流水线阶段,公司还出资八十万元,选送十一名职工赴意大利培训三个月。"这些留洋学生不但学到了先进的工艺操作技术,还带回了先进的管理方法,为公司管理上水平、产品上档次做出了较大贡献。"为了提高设计水平,俞敬民还多次派人到上海学习先进的设计技术,而且对设计室进行改革。"原来设计全部由公司统一搞,后来改为不但公司有一支较强的设计力量,下属分厂也各自培养了自己的设计人员,为新产品的开发、投产及提高出口产品设计速度创造了条件。"

在自我培养的同时,根据发展的需要,公司还千方百计在社会上广招人才。先后聘请了二十多位专业技术人员、工程师和管理专家来公司落户或兼职。聘请的皮鞋、胶鞋化工等方面的专家为公司攻克了许多技术难关。不但请国内专家,还聘请法国、日本专家常驻公司作技术、管理指导。1991年,公司聘请了两名法国制鞋专家,经过两位专家历时四十天的技术指导,使下属中外合资企业的皮鞋日产量从一千六百双提高到二千双,产品质量也得到了明显改观。为了提高皮革产品质量,使公司生产的皮革达到公司出口国外皮鞋的要求,他们还引进日本技术,聘请日本专家进行现场指导,使公司生产的皮革一跃达到国际水平,不仅提高了经济效益,而且满足了生产出口国外鞋的需要。

联合使得"足佳"在技术进步的道路上大步前进,初步改变了小手工业皮鞋匠的落后的生产方式,实行了流水操作。也正是联合,使得第一家皮鞋厂的发源地——东田村的老百姓们早早走上了共同富裕的道路。"由于联合体的不断发展壮大,大量农村劳动力被吸收进厂。"当时东田在工厂工作的劳动力已占该村全部劳动力的82%,人均年收入达到八百五十元,月工资七十元八角三分。而那时上海城里人每个月的平均工资大约在三四十元左右。此外

公司和各分厂利润中用于乡村两级各种贴农和补农费也达到了二十余万元。因此东田村早早就建立起了养老补贴制度、小学免费制度、中学生每年补贴五十至七十元、独生子女有补助费等多种集体福利制度和其他贴农补农制度。

随着联合体的日益壮大，他们对国家也做出了较多的贡献，1985年上交税收九十一万元，联合四年后，共上交国家税收达二百二十七万元。1990年，青石制鞋工业公司正式改名为足佳集团公司，下辖皮鞋总厂、一分厂、二分厂、三分厂、实验厂、蒙特佳皮革有限公司、前进鞋业有限公司等，拥有固定资产五千万元，职工二千五百余人，厂区面积达九万七千平方米，年产皮鞋二百万双、胶鞋五百万双、皮革四百万平方尺，产品畅销全国并有45%的皮鞋和95%的胶鞋出口海外十多个国家和地区。

1992年1月8日，时值桐乡县撤县建市前夕，桐乡县首家省批集团公司——浙江足佳鞋业集团及中意合资蒙特佳鞋业有限公司在北京人民大会堂举行新闻发布会，宣告成立。鞋业的新闻发布会能在北京人民大会堂召开，不仅让东田村、青石乡，更让桐乡在世人面前露足了脸。"全县一百多人，分别坐着飞机和火车，带着憧憬去了北京。"如今回忆起二十多年前的那一幕，俞敬民仍然难掩激动之情。旗下拥有二十家分厂，那一年，他们完成产值一亿一千六百万元，实现利润一千二百万元，出口创汇七百五十万美元，成为全国皮革行业规模最大的企业之一。

"足佳"牌皮鞋获奖无数。曾多次被评为省优、部优，并在行

美丽乡村的"东田样本"

1992年1月7日,浙江足佳鞋业集团及中意合资蒙特佳鞋业有限公司在北京人民大会堂举行新闻发布会

业评比中获得男、女单鞋全国第一名,继1986年度荣获浙江省名优新特产品"金鹰"奖和日用消费品民意测验"银杯"奖称誉后,1987年又被评为全国首届鞋饰"金鞋奖"。1992年获商业部国产商品"金桥奖",同年被轻工部作为优质名牌鞋向全国消费者推荐,是全省唯一获此殊荣的产品。企业曾被浙江省人民政府授予"省劳动模范集体"和"省技术进步先进企业"、"省明星企业",以及"全国出口创汇先进单位"、"全国'七五'期间技术进步优秀企业"的光荣称号。

不仅注重工业联合,俞敬民还带领大家积极进行贸易活动。先是在桐乡创办了第一家贸易企业——浙江足佳经贸公司,生意做得非常成功。在此基础上,又在杭州开设了足佳隆盛贸易公司,在上海开设了中国纺大足佳科技贸易公司,贸易额一年就超过两亿元。公司也因此被外经贸部授予自营进出口权,在杭州设立了足佳进出口部,经营进出口业务。还去加拿大开设了一家工贸公司,进行产品开发、产品加工及贸易活动。通过中外合资、工商联合、工贸结合、内外贸结合的方法,"足佳"走上了一条全方位、跨行业、跨地区、跨所有制的成功之路。它的改革举措,成为全省企业改革创新的典型。

1985年建造的"足佳"皮鞋的老厂房,桐乡第一幢五层楼,如今依然矗立在东田的大地上;当年的第一部电梯,仍然保持运转。走进车间,墙面已斑驳,三十多年前的标语依旧历历在目:"说了算,定了干,现场看,马上办。""思想也好,动作也好,习惯也好,拖,是个本性,不能拖,什么事情都不能拖。"标语的十二个字透露出了当年从上到下,人们蓬勃的干劲。也由此可以看出,党员干部们敢干事的魄力。

其实,当年的足佳皮鞋厂,不是没有遇到过难题。如果说,前期遇到的人才、技术、资金、项目这些难题还可以通过努力逐一克服,那么更大的难题则来自思想。最初以乡的名义来整合四家小厂,抱团整合成立大公司——青石制鞋工业公司时,就曾听到过不少反对的声音。一方面,想把经济搞上去,必然要有突破,突破必然要有改革;另一方面,县里对此却有所保留,乡里都开始搞企业,县里又该怎么办呢。好在,发展经济这一诉求是紧扣民心的,虽然顶着巨大压力,企业联合体最终还是建成,这才有了其后的成立大型开发部、统一执行生产标准、打出"足佳"品牌等一系列举措。到了那时,皮鞋"托拉斯"才算真正突破了传统管理模式,才真正体现出它的价值。

也是在改革过程中,企业才认识到了市场的重要性。而市场本身,也是经过反复尝试,试出来的。实践出真知。事物的本来面目和发展规律,都是在实践中探索得来的;亲身体会得出的结论,才是靠得住的,才更接近真理。实干永远是最响亮的语言,是赢取事业胜利的根本保证。

俞敬民后来同样升任青石乡党委书记,退休后回到东田村,继续从事他心爱的制鞋工作,如今开了一家制底厂,对鞋子的那份热情一直保留在他的心中。

第二节　凤凰涅槃——民营经济的榜样

在问到大家为什么东田会比其他地方发展得更好些时，村民们一致回答，"领导班子好，领导还是有方的。"提到老书记费金伦，村民们的赞美之情溢于言表，"说白了他真的就是办实事，为老百姓办实事，你看看我们东田村的路好了，附近哪一个村里面的路会这样？我们这边的路比人家的要宽得多，哪一条路不是很直的？"能人、大公无私、任劳任怨、不计个人得失……这样的用词比比皆是，然而费金伦自己，不管在任何场合发言时，用得最多的词却是：我们、班子、集体……

想当年，费金伦的走马上任是临危受命。东田村的发展史上也曾有过至暗时刻。面对巨额债务，他稳定民心，狠抓队伍。通过对每位村干部谈心谈话，找准定位，明确职责，让每位干部能同心协力，做好本职工作，也让班子的凝聚力进一步得到增强。二是全力以赴，创新思路创收。通过鞋料市场、鞋业园区的服务型思路转换，最终不辱使命，顺利清债，村集体可支配资金充裕，得到群众一致认可，获得上级充分肯定。

一、临危受命、勇拓新路、再创辉煌

就和企业一样,一个村庄的发展从来不是一帆风顺。十年弹指一挥间,很快,历史的车轮进入了20世纪90年代,这时候,外部的市场大环境发生了大变化……

中国人民大学农业与农村发展学院院长温铁军如此解释90年代乡镇企业的整体衰退成因:"1988年发生了物价指数高达18.6的通货膨胀,1989年全国范围内进入了经济萧条,接着进入了90年代低谷,在此过程中出现了一些政策的变化,好的政策只给当时的国有部门,乡镇企业不能再得到贷款的优惠、贷款额度等等。90年代以后一系列政策导向,对农村企业不再有任何照顾,主要是政策变化造成80年代黄金时期的结束。这个黄金时期结束过程中,地方政府出现了一些其他问题。政府因为给企业提供优惠,就从企业直接拿利润,甚至把乡镇企业的贷款直接拿来变成政府消费,占用乡镇企业的生产资金,导致乡镇企业出现了严重的高负债,企业生产者没了积极性,企业职工得到的福利也下降了,社队得到的分配也减少了,于是乎乡镇企业也走下坡路了。"

脱胎于队社企业、以迅速填补大量市场空白而实现其总量扩张的乡镇企业,一方面随着中国经济由卖方市场向买方市场的转变,增长幅度有明显回落;另一方面由于产权主体不明晰、政企不分的实质性缺陷并没有得到解决,那时候的乡镇企业可以说是

乡镇政府的一个附庸,甚至有的就是乡镇政府的小金库,企业负担很重。同时在决策机制、用人机制、经营机制、分配机制,以及市场应变能力方面,都明显缺乏竞争力,乡镇企业开始陷入困境。

实际上,乡镇企业是农民在城乡分割二元结构的既定框架内的一种别无选择的选择,为了走出困境,只有对乡镇企业从根本上做脱胎换骨式的产权制度改革。通过改制,原来意义上的乡镇企业已经开始变异,"民营企业"或"中小企业"的提法越来越多。

农业部有个统计数据,到2006年为止,全国一百六十八万家乡镇企业中,95%实行了各种形式的产权制度改革,其中二十万家转成了股份制和股份合作制企业,一百三十九万家转成了个体私营企业。

在这样的时代背景下,足佳鞋业集团也不可避免地走起了下坡路。1997年在政策的引导下实行了体制改革。集工、技、贸一体化,含有集体、国营和国外资本等不同经济成分的跨行业、跨地区、跨所有制的省级企业足佳集团公司自然解体,下属核心层、紧密层、半紧密层共二十三家成员企业转为村办和私营企业自立门户。很多"足佳"的员工,自己创业开办私营鞋厂或做着与鞋有关的生意。个体私营经济逐渐发展壮大,在新的经济体制下迸发出新的活力。可以说,开枝散叶后的"足佳",仍然成就着一方产业,富裕着一方百姓。

体制改革后的足佳皮鞋厂再次回到了东田村。然而,好景不长。曾经红红火火、名闻业界的足佳皮鞋厂日渐衰落。在中国急剧变迁的社会经济秩序中，它很快遭遇到了困境。一方面工厂已经习惯了持续扩张，规模仍在日益扩大，偏偏遇到了国家宏观调控政策的推出，资金链一下子吃紧了；另一方面大将们纷纷自立门户后，由于经营管理不善、产权不清、科技含量低等诸多原因，致使效益每况愈下。当时，"超常规、跳跃式"的企业模式发展成风。作为皮鞋生产发源地的东田村，自然心有不甘。于是，村领导带领大家通过各种渠道，千方百计四处集资，准备上新项目。"因为东田村名气大，集资很容易，一麻袋一麻袋的钱背回来。"但是，随着一系列错误的投资决策，尤其是进军房地产等项目都没有成功，再加上高利集资，企业无法生存，最后，这个最早的村办企业竟然负债累累。工厂全部停产，村里日常运转也陷入瘫痪，那是东田村有史以来遭遇过的最大一次危机，村委会每天都被讨债的人堵得水泄不通。东田村从"先进村"变为远近闻名的"负债村"，并被戴上了"贫困村"的帽子，是当时桐乡市五个贫困村之一。面对残酷的现实，先后有两任村支书因为不堪重负而借故出走了。

回看当年，我们能明白，那是乡镇企业发展过程中不可回避的阶段，同时也是一个过渡阶段。实际上，它是中国农村社会经济秩序彻底告别小农自然经济和人民公社体制、乡镇企业转变为自由市场经济企业的阵痛。但那些年，东田人实打实为此苦恼着，迷惘着。

原本是全镇发展的领头羊，一下子变成了烫手山芋，上级党委也高度重视，觉得这样下去不行，但尽管镇里想了许多办法，如重组村委会班子等等，却无法挽救局面。这时，大家不约而

同,想到了一个有经商头脑的能人。

1960年6月,费金伦出生在东田村,是一个土生土长的东田人。在村子里走上一圈,人们对他的普遍评价是:貌不惊人,但天性灵敏;脑子活,办法多,点子精;刚毅果断,敢作敢为。二十四岁,他就当上了县人大代表。费金伦自己很早就开办了一家皮鞋厂,在市场上成功挖到了第一桶金。他原先也在足佳集团当过科长和厂长,方方面面人脉深厚,村办企业的不少厂长都是从他的厂里走出去的。由于在村民中有极好的人缘,老百姓都十分信任他。1997年,费金伦在众人的期待下毅然走马上任,出任东田村党支部书记。问起当初为何愿意临危受命,他的回答非常朴素:"党信任我,大家信任我,我就要对得起这份信任。"

接受使命是容易的,完成重托却是万千艰辛。谁也不知道,费金伦将带着村民折腾出什么名堂来。

"当时的东田村,通过上级农经部门综合评估,拖欠了企业员工工资八十多万,集资款一千零八十万,应付款三千多万,再加上银行欠款,共计负债达九千七百多万元。"1997年的九千七百多万元,是一笔多么大的负担啊。即使放至现在,也绝对不是个小数目。至今,他依旧清晰记得这一个个触目惊心的数字。好在那年他才三十七岁,精力旺盛,血气方刚,浑身是劲。

上任伊始,他首先召集来十二位村办企业厂长开了大会,并对村里的资产进行了详细核查、清理,通过盘活企业资产的方式来分阶段偿还债务。那时法院传票接二连三地来,拿不到货款的

美丽乡村的"东田样本"

费金伦书记，摄于 2021 年

商人还会拿刀威胁,因此他决定先偿还外地商户,再分期偿还村民、银行。理清债务的偿还次序后,费金伦一心扑在了东田鞋业的发展上。

在他上任的时候,随着乡镇(村)办企业的改制,一时间,家家户户的小皮鞋作坊又开始红火,个体鞋厂"忽如一夜春风来"般兴起。当时的东田村,几乎家家户户都是家庭作坊,大家将前院、后院扩建,供进出的仅是二米宽的泥泞路。他反复想,怎么利用这种有利条件解决债务问题。他认为,首先要改变思路,思路决定出路。而这新思路的形成直接为东田以后的发展开辟出了一条"阳关道"。

其实,当时足佳皮鞋厂所面临的情况并不是个别现象,第一,整个皮鞋行业逐步进入市场化,竞争更加激烈,这一应对过程中,需要投入主体的明确。公办企业在旧体制下的旧产品无法适应新时期的新需求。第二,隔壁"温州模式"为代表的民营经济逐渐被人们接受和认可,影响越来越大。一部分敢于吃螃蟹的人受温州私企发展影响,挂靠在集体性质的村办企业名下进行生产与经营。第三,以民营企业为主的温州皮鞋市场兴起,积聚了民营原始资本,倒逼了东田运营模式的转型。不止足佳一家,当时桐乡许多乡镇企业效益下降,经营困难,有的出现了亏损,有的资不抵债。从长远来看,转制其实是形势发展的必然方向。因此,不能再以村集体的名义去办集体企业了(事实上也办不起来了),而是要以服务者的定位与身份,为村民创办的市场主体提供服务，帮助解决他们发展中的诸多难题。

通过观察后他发现，大的鞋企都有自己专门的设计师和会计，但家庭作坊式小规模鞋企就很难请到这方面的人才。想来想去，最后和支委会讨论决定，利用村里资金去为这类中小鞋企统一配备设计师和会计：招来的人才，几个小企业可以共享，让他们都有一个资源共享的发展平台。与此同时，充分利用好乡镇集体企业时期留下的厂房，经过规划后出租给生产规模正在扩张的村民。

时间到了1998年，企业转制和民营企业兴起已呈燎原之势，东田良好的制鞋技术和市场基础逐渐孕育出一个个新鞋厂，鞋业鞋料市场交易又红火起来。对市场十分敏锐的费金伦感觉到，东山再起的机会到了。他南下广州、温州学习，发现在温州鞋业内，鞋料市场是联系鞋企和原料经销商的重要纽带，在鞋革业占有十分重要的战略地位，当时温州市的河通桥鞋料市场是鞋料商们的必争之地，云集了来自全国各地的鞋料商，产品更是来自世界各地。

通过市场调查，摸清市场脉搏后，他便决定回村创办一个新兴的鞋料市场。"随着东田村制鞋业发展规模越来越大，皮革、鞋底、鞋跟、辅料和小五金等配套市场也必须同步做强。"

说干就干，经历一番周折后，2002年初，村里筹集资金一千多万元，"浙江新壕畔"鞋料市场在村委会西侧建立起来，通过邀请广州、温州等地实力原材料供应商和知名品牌商家首批入驻，

带动起影响力和规模,而不是传统意义上的集成小铺,也因此,众多鞋料经销商蜂拥而入。

还债的速度加快了,村民们的脸上又有了笑容。然而费金伦却没有停止思考。

如何既壮大村级经济,又突破皮鞋作坊的发展瓶颈,培育新的龙头企业?这是这位新任皮鞋协会会长日夜思考的新问题。

变革的立足点不外乎三个层面:国际化战略思考、产业链整合和营销模式的创新。在这嬗变的背后,谁能把握机会,顺势调整,谁将迎来灿烂的明天。费金伦认为,就鞋业而言,单一的企业间的竞争已经显得缺乏新意,而依靠"链"的竞争已开始显山露水,尤其是流通领域的竞争。打造一条更具竞争力的产业链意义深远。虽然,"链"上的竞争也同样存在,毕竟大家都是在做生意。不过环节间的合作已是主流,事实上,任何行业的发展都离不开上中下游厂商的密切配合,放眼中国鞋都温州和广东制鞋业的迅猛发展,都离不开其本身齐全和完善的产业配套环境。

如今说起那段突破性的历史,不善言辞的费金伦却头头是道:"企业要发展,首先得有地方,不能因为土地等因素制约了发展。为了加快传统鞋业转型升级,拓展东田村的发展空间,我们就积极争取在东田村设立鞋业园区。当时,村里面要拿到设立园区的批文,很难,可我们等不起啊,所以在上级正式批文还没有下来之前,先干了再说。"

当时,村里有些作坊发展迅猛,但同时,由于制鞋业是劳动密集型产业，一系列弊端也逐渐暴露：因为地方不够用了，住宿、生产、仓库全挤在几间民房里，产业"低散危"，环境因此"脏乱差"，安全隐患突出、社会治理复杂，但村民中能有实力拿地建厂房的还不多，边建园区边规范，正好纾解了村民建厂的资金压力，同时又能整治提升，其实已经暗合了经济转型升级、产城融合发展的态势。

但，任何创新之路从来不是一帆风顺的。

"当然，未批先建，我压力也很大。有人说我们是'乱搞'，怀疑这么多厂房没有人要，但我还是很坚持，因为我对产业前景很看好！"

费金伦心目中的鞋业园区，是集制鞋产品研发设计、生产、展示、市场、物流、技术培训于一体的现代制鞋产业集群。通过园区管理，才能协调解决水、电、气等生产要素问题，提供一流的服务和优质的环境，这样才能保障入驻企业生产运行良好，还能解决周边不少村民就业问题。那时，年轻人中也开始兴起去广州打工，但听闻家乡就要建设鞋业园区后，很多年轻人打开了原本收拾好的行李袋，能在自己家门口就业，挣钱顾家两不误，谁还愿意背井离乡漂泊在外呢。

通过整合资源，以园引企，主动出击，精准招商，一期果然成功吸引到很多企业入驻园区。为此园区还分期分批次举办了企业员工培训，切实解决部分无技术人员找不到工作、企业招不到员工的两难问题，还着力建设长效招工机制，构成"招得进、用

得上、留得住"的良性循环格局,以此促进企业运营稳定,带动园区蓬勃发展。

不久,为了配合桐乡市临杭工业区征地拆迁安置点落实难的问题,东田村进行了一定范围的村庄拆除及相关企业搬迁工作,都说征迁工作是天下第一难事,鞋业产业基础雄厚、寸土寸金的东田村更是如此。然而费金伦和他的同事们并没有遇到门难进、脸难看、话难听等等如此这般的阻力和困难,这是为什么呢?

原来,费书记找来大家开会,公开宣布补偿方案,自家带头第一个行动。同时,这么多企业要搬迁到哪里去开拓呢?只有建设新的园区。经过村委会的不懈努力,后经桐乡市委市府组织相关部门实地调研后形成了会议纪要,终于同意进行鞋业园区二期建设。在这期间,他又坚持建设了鞋业、家纺辅料市场。尽管只是辅料市场,却一度出现了一铺难求、车水马龙、热闹非凡的喜人局面。最高潮时,全村外来人口达六千多人,远远超过本地人。

一开始,村民们对他的大胆举措抱有怀疑的态度。那么为什么,费金伦要冒着失去民心的风险这样大刀阔斧开拓呢?"当时,我是基于两点考虑:一是普通村民整体文化水平较低,资金筹措能力有限,要自己买地建厂,实在很困难;二是乡村集体企业大批倒下后,闲余劳动力增多,就业无出路现象普遍。所以,集体厂房出租、开建鞋业园区和建设鞋业、家纺辅料市场,包括鞋业园区二期建设,都是顺应了当时的客观形势。"

这两大市场自营业以来，生意持续红火。工业化彻底打破了小村的宁静与封闭。当时，东田村一下子冒出了一百七十多家企业。欣欣向荣的东田村成了人流、信息流、资金流高地，富甲一方，从而又一次声名鹊起。没过多久，村里的资产竟然奇迹般增长到了两个多亿，村里的经济实力大大增强。费金伦这时，又做了一个很有超前意识的决定：修路，而且还是八车道的大马路。

即使在今天看来，青石路也是非常宽阔平整的，一辆辆重型货车轰隆来去，带来的都是滚滚商机。当年马路修成后人们惊讶得合不拢嘴，接待客商亲朋时个个底气十足。反之，邻近的其他村落则沿途破旧，不仅交通堵塞还尘土漫天。"路修得不好，就谈不上发展；路修好了，才有致富的可能。"费金伦回答得很简洁。

事实证明，通衢大道配合园区，能推动产业兴旺、助力经济腾飞，很快，东田村皮鞋产业再次进入了令人欣喜的发展快车道，皮鞋远销欧美、中东、俄罗斯等地。为了打造"前有市场、后有工厂"的市场格局，费金伦找到了自己曾经的代课老师，已然辞官下海、成功转型地产商人的沈玉兴。1995 年，沈玉兴在浙江省嘉兴市成立了主要从事物业开发的公司佳源创盛（前嘉兴足佳房地产开发有限公司）。同一年，公司开建第一个项目——嘉兴秀州路商办综合楼。之后的那些年，"佳源"品牌在沈玉兴的带领下，越做越大。

2004 年，沈玉兴创办的佳源集团嘉兴足佳房产公司开发建设

了"洲泉·足佳鞋业市场",项目占地面九十亩,总建筑面积达八万多平方米,总投资额达四亿多元。市场分为一期、二期、三期、四期(东侧的东升花苑即为足佳鞋业市场的四期)。以现代专业市场的理念,从鞋革、鞋料到成品鞋的一条龙经营的思路,聚集了各种成套的成品鞋以及鞋底、鞋跟、包装、设计等生产、加工厂商。

很快,市场内入驻的经营户达到二百多家,他们分别来自浙江、江苏、河南、甘肃、天津、广州、东北及周边等地,商铺入驻率达95%,周边鞋企也达近千家,聚集了一大批经营成品鞋、鞋革、饰扣、辅料、制鞋设备、鞋类设计的商家以及酒店、宾馆、物流、仓储、精品展示、休闲娱乐等诸多配套服务设施。市场内每天门庭若市,年生产各类皮鞋三千万双,产业总产值达四十亿元,有二万五千人从事制鞋的相关行业,成为浙北乃至长三角地区最具规模和影响力的"一条龙鞋业专业市场"之一。鞋子通达三江,进入杭州华贸、北京北方鞋城、郑州鞋城等全国各地专业市场。东田也因此成为了"皮鞋之村"。

2006年,足佳鞋业市场被市政府确定为重点专业市场;2007至2013年间,连续多年被评为"平安示范市场"。2009年,全村工农业总产值十亿五千一百多万元,村可支配资金为二百四十一万元,人均村集体经济可支配收入一千〇七十二元。2010年这一年在东田村史上是浓墨重彩的,通过十年的努力,村里曾经欠下的九千多万元巨债终于彻底还清,一举摘掉了悬在头顶的欠债大户

美丽乡村的"东田样本"

2004年鞋料市场落成

的帽子。鞋业也发展红火，产业链已健全，村级集体可支配资金超过三百万元。这些资金，费金伦书记主要用在了扩路、筑桥、建校等公益事业方面。东田村再一次，名声在外。

2011年，足佳鞋业市场被授予"嘉兴市首批创业基地"称号；2011年经市场管理公司的申报和对市场基础、配套设施的大规模建设及完善，后经省工商局验收，足佳鞋业市场荣膺"浙江省三星级文明规范市场"殊荣。

这之后，又成立了足佳鞋业市场管理公司，专门负责市场的招商、经营、租赁、运作、物业管理、安全保卫、卫生等相关工作，促进打造专业商企交易平台。以现代专业市场的管理理念为宗旨，以市场带动企业的发展、以企业促进市场的兴旺，并与相关部门、鞋业协会等不断研究行业发展趋势，合理划分经营区域，形成了鲜明的特色。

从最初的一双鞋迈向辉煌，中途遭遇负债累累的困境，再到后来的东山再起，东田村这条小康之路走得艰辛坎坷，却又反映出村班子和带头人的重要性。在村民们近乎绝望之际，费金伦迎难而上，咬紧牙关，硬是闯出了一条富民强村的路子，还清了近亿元的债务，这一份勇气与担当，值得许许多多村书记学习。

一直以来，东田村党委号召全村党员努力做到：会管理，懂经营，廉洁奉公，为村经济发展多做贡献。费金伦自己就是这样一名多面手，在他的带领下，全村广大党员积极学习致富实用技术，有多名党员还搞起了个体私营企业、规模养殖业等，带动了更多的群众富裕起来，充分发挥了党员在农村经济发展和社会稳定中的先锋模范作用。

有一年，远近各村的党支部书记去市委书记那里述职，很多支部书记讲述自己修了多少河堤、建了多少公里的马路，轮到费金伦，他却如此陈述，"东田村皮鞋产业的发展至关重要，这一年我跟村里的所有皮鞋企业打成了一片。"在费金伦看来，修了多少路，造了多少河堤，这些都是必须的，但是作为一名支部书记，不能仅仅只注重自己的政绩，更要把自己放低，融进百姓。担任党支部书记的二十多年来，他一直保持着换位思考、将心比心的习惯，遇到任何事情或任何人，他首先会想，如果这个人是我的家人亲人，这件事我会如何去处理，最后也会以同样的方式来处理这些事。他把村民们都当作自己的亲人来对待，所以二十多年来，整个村子不管遇到什么样的难题，他都能够带领大家走出困境，这跟他始终保持换位思考的习惯是分不开的。

如今的东田村以制鞋闻名于世，鞋业成为经济的一方支柱、百姓致富的源泉。截至目前，村里的皮鞋生产企业一百四十五家，从业人员近四千人，全村 80% 的人都从事皮鞋相关产业。是名副其实的鞋业特色村，也是省级全面小康建设示范村。采访过程中，许多继承父辈衣钵的创业者感怀，三四十年前东田鞋人的刻苦精神、开拓精神、进取精神，深入到了他们骨髓里面。"这种精神现在也好，到未来也好，永远有用。"

如此看来，只有走在时代的前面，才有生存发展的权力，下

一辈如果想要比前一辈更好,就要进一步解放思想,接受世界新潮流新需求。

二、以村民为中心的互联电商之路

2020年6月,费金伦功成身退,新一代东田村党委班子人员小心翼翼地接过了这一份厚实的村产。为了让经济建设保持良好的发展势头,为一方百姓铺就锦绣富裕的金光大道,以年轻的党委书记费荣平为首的东田村党委班子,一刻也没有松懈过。

2003年,费荣平毕业于杭州职业技术学院,学的就是设计。说起来,他家和东田鞋业的腾飞有着千丝万缕的联系,也因此,他对东田村,怀着比其他年轻人更深厚许多的感情。他的妈妈蔡敏秀,当年就因为心灵手巧,成为被派去吴江学习制鞋技术的十六个"种子选手"之一。那次选拔,全村十几个小组,每个小组才精挑细选出一名。一双鞋,从制楦到画帮面、缝合、热成型,再到把内底、中底、大底与鞋面固定起来,她能一个人包办。费荣平的妈妈学成归来,带出过很多徒弟,后来因为身体不好,在一厂担任检验员。再后来,妈妈和担任制革厂厂长的大舅舅、在总厂当车间主任的二舅舅一起,开起了自家的鞋厂。鞋厂后来虽然因为响应政策关闭,但费荣平对东田如何走上小康之路,可是一清二楚。

如今,他和年轻的同事们一边抓紧督促足佳鞋业专业批发市

美丽乡村的"东田样本"

费荣平书记,摄于2021年

场三期工程加快施工进度,一边又着手筹备规划起了本地蚕丝被市场建设项目。

批发市场三期工程占地二十多亩,考虑到外来发展制鞋产业的经营业主不断增多,党委多次讨论后决定,专门在该项工程中建造一座高达二十五层的综合楼群建筑。里面不仅会设三百多间店面房,还会配套一百多套商品房,以方便外来经营业主安心把根扎在这里,开创新的事业。可以说,这项工程是十足的人性化工程,能够想象这对市场经营业主人心的凝聚,将起到很大的作用。

这几年,随着电商产业越来越火爆,足佳鞋业市场里的经营户们也开始了线上线下的经营模式。"整个市场现在有三百八十六户经营户,三百五十六户已经开展线上直播销售,在重点销售时间段,同时在线上做直播带货的主播能有一百多位,每天从这里销往全国各地的鞋子有两万多双,最多的一天有六万多双,六万多双,想想都觉得这是一个不可思议、不得了的数字。"也因为这些激动人心的数据,费荣平对未来的鞋业市场充满憧憬,"我们现在正准备从线下往线上推,等于我们现在网红直播,又是我们一块新的基石,激励我们继续往这一块上面奋勇前进。"

1988年出生的陈萍是村里最早在快手上直播带货的,她是东田村的儿媳妇,2007年嫁到这边后,跟家人一起从事起了皮鞋行当。"是很普通的家庭,公公婆婆和我老公都在皮鞋厂里上班,我婆婆干了几十年了,是有技术的,负责裁断,我自己也划过几年料,一天到晚划,手上全部都是泡。一个月拿到手的工资不高,每天要加班加到十一二点，很苦。"（划料，即用设计员制作成的样板在面料上划、剪切下来，同一双必须尺码相同，皮纹、粗细等均匀。）

2015 年陈萍怀孕，2016 年宝宝出生后恰逢当地开始发展地摊经济，她和丈夫摆起了地摊，随后又做了微商。"做得比较晚，形势也不怎么好。"摆地摊很辛苦，"都被蚊子吸走了血汗，一个晚上就会被蛰出好几个红疙瘩，痛痒难耐。夏天晒得不像个人，冬天又很冷。"不过陈萍的销售天赋在她的地摊时代已经崭露头角。别人摆一天摊，卖出十几双，她一天能卖出五六十双。

2017 年，学校附近造了一座桥，截断了许多客流，地摊生意一落千丈。这时足佳鞋业二期市场已经竣工，村里动员大家入驻，虽然还没什么人气，但陈萍选择第一个入驻，还引荐了一批朋友同时入驻。

"最开始一个顾客都没有，没人来买鞋子，那个时候真的很煎熬，我生了两个儿子，婆婆帮着带小孩，公公年龄大了，赚不了什么钱的，一天赚不到一两百块钱时，压力就很大。"实体店运营了好一阵子，总算自己的老顾客一天天多了，"他们会在微信上下单，淘宝店一天也能卖个十来双鞋子，这样一天能够赚个几百块钱，生活费是够了，但买房子啥的还没可能。"

2018 年，陈萍注意到了快手的火爆，"和淘宝直播 1.0 时代相比，快手门槛很低，不需要很强大的经济实力，一上去就能卖。"她开始在快手上做皮鞋带货主播，"特别是一开始的时候，记得是

前三四天,人气比较低,压力很大,一打开直播的镜头,想到也许没人看就很紧张,只有一个人两个人的时候,更是非常尴尬。我老公说:'你不坚持,你没有路可以走的,你只能从一个人两个人,熬到十个二十个,这么熬下去。只要能卖出鞋就可以,哪怕你一天只能卖出去一双,你都待在那里,给我播两个小时。'我就坚持,就这样子熬下来了,先是只有直播,后来配发了视频,然后销量真的就上去了。一个星期之后,观看的人数就稳定了,然后自己也做得越来越有信心了。"等到直播间里同时有几百个人的时候,陈萍已经不慌了。十一年的鞋业从业经验帮助她越来越自信,介绍起货品来如鱼得水,村里又不缺生产厂家,能拿到一手的好货源,很快就积累起了相当多的粉丝。2018年年底,陈萍在抖音上也开始做起了电商直播。

"确实能卖出去,那时候一天赚一千块钱,心里面可美死了,真的是很得瑟。"刚起步时,陈萍一天最多能卖六七十双鞋,但那时从业人员少,利润高达三十元一双。慢慢地,一天能卖一百来双,最多时一个月能卖三千双鞋。快手上的粉丝也从一开始的一万多一点,变成后来几个号合计近三十万。如今她抖音上的粉丝数已经有一百六十几万,几个号加起来,超过二百多万。

一个个成功的数据背后,自然离不开艰辛的汗水。"一开始就我和丈夫两人,什么事情都要自己操作。每天早上八点起来,那个时候是通过微信下单,就要处理加友请求、回复咨询、接单等等,要发朋友圈,和微信里的顾客群互动;然后去自己家的实体店招揽生意；下午开始配货，去厂家拿货、配货、看鞋子、打单，下午五六点的时候检查完质量，开始发货，一天打六七十双鞋的包很累的，晚上七点等件收走后整理存货，直播到晚上十一点。我直播的这段时间我老公就处理退换货的事。每天两个人都要忙到凌晨两点才能回家。"

到了2018年年底，陈萍夫妻俩已经忙不过来，"先找了表哥帮忙打包发货，"转眼到了2019年3月，一天能卖两百多双，"又加了一个小伙子帮我配鞋、上新。"五六月的时候招了两名客服，再之后开始聘请主播。"我就在早上的时候做一场直播，八点至十点，很固定。"一般两个小时她就能卖出一百来双鞋，最多时可以卖出三百双左右。

团队成员也从刚开始的四五个慢慢多起来，"两三个月就得再招一个。"陈萍聘用的第一个主播是自己的妹妹，"我自己教出来的，后来的新人，我都让她去带。"培训一个主播上手，只需一个星期。"其实不难，我聘用的都是本地人，基本都有鞋厂从业经验，只要她了解鞋子的材质。我们没有卖货脚本，不需要花哨，也不用忽悠。"一般一个主播年收入，少的七八万，多的十几万。

电商直播带货的成功，也吸引许多鞋厂搬进了市场，这样又便于陈萍拿货，其他电商主播看在眼里，跟着纷纷进驻，市场也一天比一天繁荣了。看着眼前人来车往的热闹景象，陈萍感慨，"当年为了吸引我们入驻，村里配套了不少政策，比如房租非常便宜，一年五千块钱就能租一间，两间才一万块钱，一个月工资

都不到。他们其实是为我们长远考虑，摆地摊终究不是长久之计。村里也做了不少宣传，说这就是以前的地摊市场。"

听过陈萍直播就会发现，她从来不会说得天花乱坠，特别实打实，也不会建议如何搭配，甚至连推荐购买这样的用词也很少。"这双鞋是压花牛皮的，材质是头层牛皮，做了压花。鞋跟高度是三公分。鞋型是尖头的，但不挤脚。因为是真皮鞋子，不会臭脚。真皮也比较养脚，像这种鞋，穿个两年绝对没有问题。它比较适合什么年龄段？如果你平时穿得洋气，那穿这鞋肯定不好看，它不适合你。"这么简单朴素，也源于她对产品足够了解。基本上，她的直播抓住五个信息点。一，是否真皮；二，材质是什么；三，上脚效果如何；四，鞋跟高度；五，发货时间。

"我讲话很直爽，讲清楚就可以了，我不喜欢忽悠。讲的东西跟发出去的货品，必须是一样的，否则就是欺骗消费者。现在抖音、淘宝，退货率都有30%了，买去不喜欢，还是要退的，永远不要去硬卖一双鞋子。"一场两小时的直播，她一般只介绍十几个款式。"消费者会看中的，其实就那么几个款式，其他款式只是作为铺垫，没有也不行，但销量很少。"

不过，因为销量大大增加，陈萍的退货率也从过去的百分之几上升到了20%左右。她努力学习，为了判断是否洋气，她大量看别人的版式。有意思的是，她的直播间售卖的鞋子，年龄跨度在三十五至五十五岁之间，三十岁之前的消费者，基本不会选择她的鞋子，粉丝的定位也在这一区间。为什么要选这一偏保守的年龄跨度呢？

"因为我们桐乡的鞋子就是适合这个年龄段的。"不像有的主播卖衣服卖零食，任何东西都可卖，陈萍只卖鞋，还基本只卖石门和青石的鞋，可以说是自产自销。她不卖广州鞋，就连临近的温州鞋也很少卖。能挣钱，为什么不挣呢？"我只想把自己这边产业带的鞋子卖出去。要是做得好，一样都能做好。之前有几个熟人的厂，都快要倒闭了，因为我帮着做了电商之后，全都重新做起来了。这点就很值得骄傲。当然，也不能靠我一个人，我希望大家都来卖鞋。当然这对我也有好处。一来账号不会显得芜杂，二来之前在档口上，零零碎碎的很难结账，鞋业利润很薄，还要赊账，如今全都是乡里乡亲的，做的全部是现金生意，就算过年也一分不少。比如我今天拿了货，我今天就会把款付给他们。"

陈萍的表姐开了一间小皮鞋厂，夫妻俩忙上一年，只能赚个十万，除去开销啥的，就没什么余钱了，如今在陈萍的带动下也做起了电商，除去开销，一年能存下三十万左右。"相对来说已经很好了，至少他们家庭的话也能够起来了。"

在陈萍看来，直播卖货显然是一个大趋势，想要成功也很简单，"窍门就是产品本身质量得过关，像我们东田的鞋子，性价比非常高，我们销售价只是在出厂价基础上加几十块。在直播间买双单鞋，一百五六，进了商场，就变成三百多，对于消费者来说确实是非常划算的。一穿上脚，确实跟商场里的脚感一样，就会

提升他们的信任度,会再找我回购。"

但同时她也看到,无论是快手还是抖音,平台红利期其实都已经过了。"门槛高了,竞争很激烈,有的主播甚至不赚钱也在做。我们现在也开始砸钱,广告费什么的。"她觉得,想做好这份工作,就得不停学习,保有好奇心。"唯品会、蘑菇街,这些平台都可以试试,出来什么新的平台,都要立刻弄明白操作方式。但必须清楚自己的优势,比如我并不了解服装,那我做服装就没有优势。"

2020年,新冠肺炎疫情肆虐之年,中国全年GDP增长2.3%,这是中国改革开放以来最低的年增长。时代中的一粒灰,落在个人那里,可能就是一座山。这一年,陈萍的团队已经有了十几人,"一个月光工资,最起码就要十万块钱,前三个月,亏掉了三十万,我担心死了。"实体店自然是没生意的,她坚持直播,量却起不来,后来疫情防控成了常态,人们封闭在家,一天到晚刷快手抖音的不在少数,买东西的人慢慢多了起来。"过去我只是做自己的生意,卖自己的鞋,因为疫情缘故,厂里生意一般,他们就直接拿着样品来我这边,看中了我就直接推荐。我现在零库存,要多少单,都是厂家帮我备货,把鞋子放到我楼上仓库就可以了。"

如今她和团队每天通过五个直播平台,向粉丝推销东田各个厂子里的皮鞋。日子越过越好,她却感恩自己的运气,感恩遇上了好政策。"物质条件比过去好很多,收入翻了不知多少倍了,说真的，全部是靠运气，我只是顺势而为。如今各方面政策都很好，这里市场管理也很人性，像我一个中专生，从没想过会接受电视台啊媒体啥的采访，能够过上这样的日子已经很好了。"

老百姓心中的好日子很简单，就是要留得住，能致富。陈萍就说，因为很满意整个东田村的建设，自己和家人不会离开这里。"一来，我们东田村环境很好，有个丞相府，边上是公园，每天晚上空了可以去那边逛逛。业态很发达，出省市的交通也很方便，要什么有什么，啥都能很快买到，从这点来说，跟城市的区别不大。我家前面种了一排树，早上打开窗，相对城市而言，空气又很不错。包括这里的学习条件也很好，幼儿园跟小学就在自己家门口，隔一条河，很近，不会有什么交通上的麻烦，我都不用特意早起送小孩上学。小学的排名在整个嘉兴市都算不错的。"

能有这么高的幸福指数，在陈萍看来，一离不开中央的政策，二离不开当地的领导。"我们东田村的领导真的很好，都很能干、肯做。东田村很富有，以前是好，现在是更好。"

如果说，过去东田村的富有是来自于皮鞋业态的积淀，那么今天，则可能来自于电商。像陈萍家的房子，盖在自家的宅基地上，足足有两百八十平米。此外在老鞋业市场还拥有两个门面房，三百平方米左右。

如今陈萍的直播团队每天工作十五个小时，一天最多能卖出一千三百双鞋，按理来说，她已经不需要自己去做直播了，但她却觉得，如果自己离开一线，就会不熟悉这个行业的最新术语，

也会不清楚哪种鞋子哪个款式好卖。

"我们这一行不要说一年不做了,就是一个月不做,应变能力就会跟不上。直播间的问答是很频繁的,特别是聊天窗口弹出大量信息的时候,令人应接不暇。现在则是随便粉丝问什么问题,我都能见招拆招——解决。另外,如果别人不高兴帮我干了,我也不会太慌。哪怕现在三个主播同时辞职,对我也没有影响,我跟我妹妹两个人还可以顶上。"

星期一星期二这两天流量可能比较差,陈萍就这两个早上休息,其他早上她都会准时出现在直播间。她自己的直播心得,都毫无保留分享给团队。"比如新手主播一开始,会提着鞋子在镜头面前乱晃,我就会从观众角度告诉她们,这会让人不舒服。应该慢慢地,一整只鞋子旋转就可以了。还有上脚效果,腿粗的主播我就建议她们不要穿牛仔裤,穿裙子可能会更好一点,总之,要学会去修饰自己,衬托出鞋子。一个主播的能力,跟长得好不好看没有太大关系,跟口才有绝对关系。如何让别人信任,一堆差不多的鞋子,为何一定要在你这里下单,这才是主播需要思考、提高自己的地方。"

2020年是不平凡的一年,一场突如其来的疫情,让很多幸福的生活变得艰难。但就是这一年,陈萍团队卖出了二十万双鞋子。"你说二十万双鞋子,一双质量问题都没有,那肯定也不现实。"但由于售后做得好,鞋子保修一年,出现任何质量问题,都可以寄回去维修,老顾客们一传十十传百,替她招揽来很多生意。

虽然富有竞争力的同行越来越多，陈萍却并不担忧。"做任何事，越往后，留下的或新加入的，一定是能力越强的人。我目标不高，不被淘汰就行。鞋子的利润很低，如果总是被退货，就有可能亏，我现在就下功夫提高自己团队的能力，包括配合默契度、发货的快慢、售后的厂家催货能力等等，比如发货慢，退货率肯定也会高，我现在尽量保证当天拍下当天发货，赠品、包装这些，也都在慢慢提高，总之，越是难做，越要用心去做。"

在东田村，甚至在整个洲泉镇，乃至桐乡市，陈萍都算得上数一数二的大 V，销量总是冲在最前面，她的努力也带动了一大批年轻人投身电商行业。市场里的大部分商户都有了自己的网店，销售量也都非常不错。信步走走，经常能看到橱窗后面，足模们摆着专业的姿势，在专业的摄影师镜头下，展示着鞋子的各个实穿角度。这些小视频在各种电商平台上展示，带动了不少销售量。2019 年，平均每家商户年利润额几十万。

如今的东田，像陈萍这样从事电商产业的有几百人，传统的实体工厂如今加上电商这一块，好比锦上添花。费荣平的村官梦想也因此变得很简单："继续我们的主打产业，然后我们转型升级，在线上起步，继续发展，使我们村民致富，老百姓过得更好。"

在鞋业市场转一转，聊一聊，大家都觉得，没有形势好不好这一说，卖货不行，肯定是自己不够努力。不过，浙江人性格底

色里的自足，也在他们淡淡的自信中表露无遗。"自己肯定要去努力去超越，不过，也不用超越别人，超越自己就够了。"

三、全家总动员

电商的兴起为东田村打开了发展鞋业产业的另一扇大门，形成了自己特有的生产销售模式。这"特有"二字，归纳起来，就是"全家总动员"。在东田，最常见的景象是父母一代在鞋厂工作，子女则忙着直播带货或者网店经营，助力父母拓宽销售渠道。这种特有的经营模式既让村民们的钱袋子越来越鼓，也让年轻一代愿意留在村里，留在父母身边。和他们随便聊上几句，就能感受到他们满满的幸福感。

1995年出生的赵彦伟就选择了回到家乡创业。四年前，在杭州读完金融管理专业的他，没有留在已经连续十年位居中国民营经济五百强第一名的浙江省会城市杭州。"找工作，我会在杭州，但如果是创业，肯定回家来。毕竟从小自己家有这个产业，有条件还有基础，起点能比别人高一点。"

回到东田村，他先在父亲的工厂里学习设计，很快转型成为村里最年轻的一名鞋业专业设计师。"虽然说足佳市场只是我们村里的一个市场，但它现在已经完全跟国际接轨了，像我们厂，每年要打一千多个版，但是真正能投放到市场上的连三分之一都不到……"如何让自己的设计成果转化为市场的网红爆款，是赵彦伟每天潜心设计的动力所在,而专业设计的融入也让东田村足佳鞋业市场焕发出了新的生机与活力。

如今他帮助父亲的工厂转型开起了网店,办公室就安在鞋业市场,是第三批入驻的,租金一年四万六千元,有两层楼。推开房门,一款款设计新颖、精美漂亮的皮鞋摆放整齐,一角的陈列架上也陈列了不少鞋样。办公室俨然就是一个产品展示中心。二楼则是仓库。如今他主要做配货方面的咨询、产品把控、配货发货等等。

赵彦伟的父亲生于1970年,今年五十一岁,20世纪90年代,他在东田村安了家,进了做五金的工厂上班,后来公家的厂子倒闭,他自己从成鞋开始创业。一开始他并不懂鞋,也不知道一双鞋子是怎么生产出来的,但他知道,找对人,将鞋子的功能做到位,再加上销售,这事就能成。

"那时候销售简单,各家产品差异不大,规模也都还小,基本上面向桐乡,以杭州批发市场华贸鞋城为主。"从最开始五六个人的小家庭作坊起步,到现在七十个工人;从最开始厂房安在家里,到现在厂房在村里占地三亩多,日子是蒸蒸日上,一天比一天好。不过这两年,他却有了一些危机感。"前几年,全国各地的客户都过来这边,那时候生意好做,现在温州发展起来了,温州原本做外贸,流水线的那种机器,每天能生产一两万双,每双的利润在三五块,由于外贸生意不好做,他们发现做内销,一双鞋可以赚十块二十块,甚至五十块,就把外贸的工厂全部往这里回

调,他们的技术工艺、材料、设计思路,跟我们一直做内地市场的很不一样。只要有得挣,比较低的价格他们也愿意卖。我们这边的鞋,质量要比温州的好,但产量没他们大。另外他们的流水线,一个工人只干一种活,学起来很快,普工就可以应付。我们这里因为人手不够,一个工人要干好几种活,相当于技术工,一方面工资要高一些,另一方面速度也会慢一些。"

尽管心里很清楚,想要真正做大做强,就应该跟着市场趋势走,聚集到温州那边,但真正挪窝的,却没几个。"咱们这边的人,自古经济发达,吃鱼池塘捞,吃笋竹林挖,有米有油,衣食无忧,很容易满足,这里人的性格小富即安。比起挣钱,安逸更重要,所以是小康,不是大富大贵。"

在他看来,这二三十年,东田村的变化有目共睹,可以说是翻天覆地。"小老板多了,基础设施上去了,环境变好了。刚来东田村生活那会儿,路还没修好,没有现在通到家里的一条条水泥路,那时水泥路只通到村口,从村口走回家的一段,还是泥路或者石子路。"对儿子从事的电商,他也觉得很有意思,"过去我们要找销售员去各个地方推销,现在人在家中坐,顾客的基数却大了很多,成交机会也会更大。"

而在儿子眼中,他们这一代年轻人创业,也跟上一代有着本质区别。"在体力、脑力两方面都不一样。"父辈更倾向于多努力,只要吃苦耐劳,基本上就能成功,但对今天的年轻人而言,"光努力不行,得靠脑子,想点子。网上的竞争很大,每天都要思考,怎么才能销售好？怎么才能策划一个成功的拉新活动？"

虽说创业者的艰辛，在哪里可能都一样，但显然，能在父母身边，吸取他们的经验教训迅速成长，赵彦伟还是乐在其中的。在他看来，农村人想往城市走，城市人想往农村走，生活无非"围城"，但东田村的安宁与幸福，恰恰是大城市给不了的。"我要是有了后代，肯定也让他在大城市学到一门技术，再回到村里，把我们自己的故乡建设好，让后辈受到更好的教育，让村里的老人过上更好的晚年生活。希望东田越来越好。"

2020年对很多人来说，都是格外艰难的一年。然而赵彦伟对未来却充满希望，为什么他会有这样的信心呢？"对自己有信心，对村里各种政策扶持有信心。我们要让每一位客户穿最适合自己的鞋，走最适合自己的人生道路。"

1970年出生，如今楚峰鞋业的董事长沈新华也是土生土长的东田村人。她小学毕业后读了一点点初中，1983年，足佳皮鞋厂厂房征地，征用了她家的土地，换来了一个进厂做工的名额。"那个时候工厂很少，所以大家都很积极，就想进厂子，在厂里工作没种地那么苦，我记得第一个月拿的工资有十三块五毛，很开心，自己十几岁就能赚钱了。"

在当时，沈家的经济条件很不错，沈爸爸在桐乡担任商业公司总经理，自行车还是个稀罕物的时候，沈爸爸就买了一辆二十八寸的。他没有重男轻女的思想，从小就把老大沈新华当男孩子对待。他总是对她说："做人要有个性，你还有个弟弟，既

然你是大姐,就得有责任感。"也因此,外表柔弱的她个性却很外向,"要么上梁山,要么下大河。"

在足佳皮鞋厂,她的工作是压胶,在鞋底涂上一层胶,将面料和鞋底粘合在一起,再放进机器里压制。做了半年后,附近一家活性炭厂招仓库管理员,因为不想再闻胶水的化学味,她跳槽去了那里。

再后来,叔叔沈玉兴有了照相机,喜欢上拍照片,"那个时候我还是小姑娘,皮鞋要试脚,他见我长得还挺可爱,瘦瘦弱弱的,很活泼,就老是叫我去拍个照,很看重我的。"后来她被安排进了足佳集团管仓库,这一管管了十五年。"那个时候仓库出货量很大,但总体来说挺舒服的,后来我结婚生子,因为空闲,所以把我儿子培养得也还可以,他现在是我的骄傲,在杭州开发软件,2020年10月1号结的婚。我跟公公婆婆关系也挺好的,算是一个好妈妈,一个孝顺的儿媳妇。"

沈新华三十岁那一年,作为乡镇集体企业的"足佳"要改制,重新优化整合,沈新华便不得不下岗。当时,在改革东风的吹拂下,办实体企业成了热潮。东田村人整天跟皮鞋打交道,皮鞋厂的机器设备投资不大,"一般来说投个几万,就能够做一件事情了。"因此这里那里,小型的家庭作坊比比皆是,产生了一大批个私企业,东田村由此成了皮鞋之乡。

眼看着左右邻居纷纷致富,她也动起了创业的念头。但那些年她还真没去学过什么本事,"那个时候家里条件其实还算好,但也不是特别好，说实话吃穿是不用愁的，但是没什么积蓄。我记得很清楚，只有三万四千五百块钱，我叫我开出租车的老公开厂，但他很胆小，不敢。我想，这样跟着他混下去，那叫吃不饱饿不死，想想我身无一技之长，没办法，我就动动脑筋先闯一番，失败了再去打工也不迟。我就把所有钱从银行领出来，叫他去买机器。这时候，我认识了我们一生当中的贵人。"

贵人是杭州富阳人，一位皮鞋师傅，在东田附近做外销放单，"他帮我们想了一个主意，要么开中底厂，然后他放单过来，他的中底都包给我做，我就有信心了。"如果把一双鞋分为三个部分，则包括：鞋面、中底、大底。如果把一只鞋子看成是一辆车的话，那么鞋面相当于车身，中底则相当于悬挂系统，大底则是轮胎，可见，中底是鞋子的灵魂。中底的作用主要是提供稳定性、缓冲和回弹，吸收行走中产生的冲击力，在行走中提供保护和比较温和的脚感。

一开始照例是家庭作坊，"就买了一台下料机、一台成型机、一台抛光机，还有做底料的那些材料，钱就没了。所以厂就开在我妈妈家里，她给了我二十几平方的一间房，不用付房租，就我妈妈、我弟弟和我三个人开始生产，很多事情都要我亲力亲为。"沈新华的弟弟是木工出身，做事很细心，很快就掌握了技术。"其实我选对了人才，那时候假如不叫我弟弟来干的话，我可能到现在也没成绩，他动手能力强、勤快，我干活比不上他，毛毛躁躁的。"

长风破浪会有时,直挂云帆济沧海。沈新华所处的时代,是各路英才实现抱负、大显身手、大展宏图的时代,就这样,抱着试试看的心态,沈新华也搭上了时代的快车,在创业大潮中激流勇进。

原本对皮鞋制作一窍不通的她,为了让皮鞋厂能够顺利办起来,开始学习制鞋技能。好在东田村是皮鞋之乡,不缺有经验有技能的师傅,求师问道就成了初创时期沈新华的生活习惯。遇到有经验的老师傅就请教,还常常跑到人家家里,跑到其他厂里去咨询,除了询问有经验的老师傅,她自己还买了不少皮鞋制作方面的专业书进行钻研,只要有相关的培训机会,现场肯定会有她的身影。"我心想,选择大于努力,不怕千万人阻挡,只怕自己投降。我一定要拼一下。我给自己八个字,只许成功不许失败。"

跟着沈新华重拾创业历程,那看似平静的叙述背后,是一段徘徊于成功、失败、希望和失望之中的困难时期。比如最开始的时候,她和弟弟用成型机怎么压都开胶,一直忙到凌晨三点多,仍然没有解决脱胶问题。"当时真是快急疯了。"只好连夜找制鞋老手来分析问题,才知道是因为压力调得不够造成的,几经周折才将第一批产品送到了客户手中。

虽然朋友帮忙,愿意放单给她做,但毕竟那笔外贸生意数量有限,需要沈新华自己去拓展市场。"要去皮鞋厂里求生意,我头真的很大,放不下面子,厂长们又都很忙,一下子又开不了口,每次都硬着头皮去求人。"尤其那些厂都有稳定的供应商,她要抢单，肯定价格要更便宜，质量要更稳定。

据说创业有三大原则：一、坚持；二、脸皮厚；三、坚持脸皮厚。慢慢地，沈新华克服了自己的心理障碍，那时她家还没有轿车，她就骑着摩托车到处跑，"冬天的风冷得很，现在想想，真是心里憋着一股劲。"

这时，桐乡景辉制鞋厂的厂长陈树芳向她伸出了橄榄枝。"他对我有恩，帮了我很大的忙。看我们中底做得好，就先放了一个小单子给我做。我肯定要努力把它做好的，之后他把全部的外销单子都放给我做了。"后来这位厂长跳槽去了同在桐乡的高阳鞋业有限公司，单子仍然放给她做。"他告诉我，其他做外销的厂，他都不敢放单出去，因为他觉得我们的质量稳定。"

众所周知，做外销鞋的要求很高，稍有一点点瑕疵就会被退货。沈新华一开始就定位高端鞋，"说实话，高端鞋难做，但利润高，好赚钱。"其实，从来就没有好赚的钱，这轻描淡写的一句话背后，有着太多的汗水和泪水。"鞋子有平跟、中跟、高跟，客户拿一个鞋头过来，我们只有一个模具，应该怎么办？就要动足脑子。虽说技术是我弟弟负责，我也要在旁边观察、帮忙、陪他。有时候做到凌晨两三点钟，这样搞不好那样搞不好，效果就是达不到目标，忍不住就哭了。村里的房子间距不大，机器操作声音很大，想到会吵到邻居，影响别人休息，虽然没人说过我，但自己心里不好受，很愧疚，也会哭。有时候我弟弟搞不好也会跟我怄气，有一次他跟我起了摩擦，出去借酒浇愁，喝了酒后心情更

不好,回到家里,把东西都砸了。我也哭,很心酸。"

一路跌跌撞撞,"有时候真想逃避,甩手不干。怎么这么累这么痛苦?压力很大。"一份耕耘一份收获,老天固然做不到对每个人都公平,但却赋予每个人都有通过努力来改变自己、改变未来的机会,在一些时候,给与一些折磨与困苦,也是为了锻炼强大的内心。正是凭着这股拼搏的劲,三十六岁这年,沈新华买下了土地,盖起了中底厂的厂房。2012年,她四十二岁,又租下了村里的地皮,新开了皮鞋厂。几年前,这块占地一亩多的地皮也被她买下。"不算大,我心也平,不去跟那些大老板攀比,因为我白手起家的,要求也不高,已经很满足了。"

沈新华的大家族,富裕程度在当地赫赫有名。"我是其中最微小的一个,但我从没想过让他们帮忙,人要靠自己,从开始创业到今天,我唯一想的一件事,就是把质量搞好,用匠人精神来对待自己的产品,那样我就有客户,质量就是生命线。"

最初靠着家里三个人起步的楚峰鞋业,如今已经发展到近三十人的规模,是致力于打造高品质鞋履,集设计、研发、生产、销售于一体的全产业链公司。虽然规模不大,却与许多企业建立了长期合作的关系,跟不少品牌企业也有生意往来。无论是旺季还是淡季,来自五湖四海的大量订单保证了每一年的稳定收益。

走进工厂,设计人员正在忙着画图纸,靠墙的样品柜上,摆放着上百种新式鞋样;亮堂的车间内,几十台电脑针车飞针走线。而在选材及胶水使用方面,工厂严把质量关,采用环保型胶水，无刺激性气味，同时做到无甲醛、铅、汞等对人体有害物质，做到环保无污染。

"最欣慰的是打出了鞋样客户来订购的时候，每到这个时候我就忘了所有的累和苦，觉得我的付出都是值得的，口碑做出来了，被客户肯定就是我最有成就感的事。"

采访最后，问她带着一家人辛苦打拼这些年，后悔过吗？如果能够重新选择，还会走上创业这条路吗？

沈新华说："不后悔。我这一生过来，走这条路是走得最正确的。假如我只是个打工者，不吃不用也多不了这么多钱。东田村里两百七十多平米的两层小楼，我肯定买不起。光毛坯房就要九十四万了，装修又用去了八九十万。我也买不起这里的厂房。"

1979年，东田村开办了第一家鞋厂，犹如星星之火；1998年的转制，东田村一下子发展出了四十六家个私企业。可以说，这是当代东田村的第一次转型，从集体到个体，个私企业开始腾飞，涌现出一批私营企业的领头人。这些企业在原有的基础上，注重产品质量，关注企业品牌，采用了适合自己的经营管理方式，皮鞋产业在东田村再次蓬勃。比如2004年成立的奇兰朵鞋业公司，一开始的定位便是外销，目标是俄罗斯市场。由于目标明确，产品便按销售地要求进行。企业规模最大时员工多达五百多名。三峰则是当时另一家较大的鞋企，突出表现在于成立了由六名年轻人组成的研发团队，激发创新意识，在款式、风格、品质上有较大突破，迅速获得了市场认可。成立于2005年的迈宝莲鞋业，负责人赵鹏当时年仅二十五岁，却提出了振奋人心的企业精神：不求数量、注重品质、做出风格。

这第一次转型，也使得费金伦带领的村集体，从台前转向幕后，从企业的主办者，成为了村庄发展的服务者。他们制订村庄发展规划、制订村规民约；促成皮革市场建设并做好相关服务；后来更是将自治、法治、德治"三治融合"引入村庄管理，建设起了美丽乡村。

第二次转型则发生在近几年。网络与智能的发展，使得从生产到销售完成了全方位立体转型。尤其是电商直播带货的兴起，对于传统的销售模式造成了巨大的冲击。面对互联网带来的新的冲击和挑战，年轻一代的东田人接过父辈手中奋斗多年的鞋企，登上了鞋业舞台。他们在父辈的基础上，以全新的面貌展现。网络与智能是技术依托，个性化是全部理念的表达。比如三峰鞋业的创二代则将自己企业的产品品种、款式、舒适度、坚固度、消费群体的地域分布、年龄特点、喜好选择等进行大数据分析，从而在网络上进行个性化销售，在市场趋于饱和的状态下，取得了不菲的业绩。

2020年新冠肺炎疫情的发生，对于年轻的网络销售者来说，既是一个巨大的挑战，也是一次难得的契机。在他们看来，产品风格的时尚化是大趋势，只有顺应这个趋势才有出路，适者生存。因此在生产方面他们主抓转型升级，款式创新和质量保证并重；在销售方面主抓线上线下联动，实体与网店并重。"会把经历更多放在线上，但也不会有了网上就丢弃线下，有了网店就忽略实体店。因为不同的消费群体有不同的消费习惯，只有实现销售渠道的双向互通，才能满足不同类型的消费者的需求。"秉承父辈品质为上的理念，他们在工艺质量上不断攀登新的高度，坚持向皮鞋工艺领先的温州广州看齐。

如今，村里的企业纷纷从线下转到了线上。整个村里皮鞋市场的三百八十六户经营户中，通过直播等进行线上销售的有三百五十六家。销售者以大学毕业生为主，年龄基本在三十五岁以下。他们通过线上线下的联动、亲民的价格优势，每天从这里销往各地的皮鞋超过两万双，最多的一天将近六万双。年销售总额更是达到了三十多亿元。村民们也因此享受到了发展带来的红利，每年村慈善基金为六十周岁以上的老年人及大病住院农户发放补助二十余万元。小康生活真正由梦想照进现实。

这次转型过程，也使得村党委计划，将依托市场资源初步建成大学生创业园，形成一个网络直播商业综合体。

美丽乡村，有一种繁华叫富足美。这三个字，用来形容这个桐乡最西端、因鞋而兴盛闻名的小村——洲泉镇东田村，是最恰当不过的了。它原本只是典型的江南水乡里，一个名不见经传的普通浙北行政村，但它却在上级党委政府正确的领导和支持之下，在村里一任又一任领头雁的带领下，坚实地一步一步走出困境，涅槃重生。

中篇 | "改天换地"
——美丽乡村的标杆

第一节　自我更新　移风易俗

靠着一家家制鞋工厂，东田村富裕了，却也付出过环境污染的代价。

这不仅仅是东田村面临的挑战。尤其是改革开放以来，中国经济数十年持续增长，不少地方面临资源与环境的压力，遭遇"成长中的烦恼"："有新房无新村"、"室内现代化、室外脏乱差"、"垃圾无处去、污水到处流"等现象十分突出。据浙江省农办摸排的当时数据看，全省只有四千个村庄环境比较好，三万多个村庄环境比较差。

更深层次的问题是，经济高增长背后，是不蓝的天、不清的水、不绿的山，是不平衡、不协调、不可持续的发展模式。如何处理好发展和环境保护的关系，考验着决策者的智慧……

一、中国要美，农村必须美

生态环保与生产发展，似乎是有着不可兼得的矛盾。经济大踏步上去了，老百姓的钱袋子鼓起来了，但工业化不可避免地带来对水乡生态和自然环境的破坏。四十几年前,作为发展中国家的中国,发展经济的唯一的办法就是出售廉价的劳动力。鞋厂在生产鞋子的过程中必须要使用胶水,而胶水是一种化工原料合成剂,会挥发出一种难闻的气味和有毒有害的甲醛气体,从而形成一定的大气污染,危害到周边群众健康。长时间在充满胶水气味的鞋厂工作,也会对人体的呼吸道及内脏造成极大的危害。

村里上了年纪的村民还清楚记得,那时候,生活垃圾、建筑垃圾、鞋厂垃圾等随处可见。尤其是鞋厂下脚料垃圾场,堆得高高的,黑、白、红、黄等各种颜色的下脚料交错混杂,皮革、破布、毛毡、鞋底应有尽有,像一座座黑色小山。天气一热,阳光曝晒下的废料就向外散发着难闻的气味。像这样的下脚料长期堆放,会对土地资源造成极大污染和危害。如果大面积大量堆放,遇到高温季节,内部热量聚集,温度升高,会挥发出非甲烷总烃类的气体,还会产生含有其他化学成分的气体。这类气体超过一定浓度,除直接危害人体健康外,在一定条件下经日光照射还能产生光化学烟雾,对环境和人类造成很大危害。处理鞋厂的边角废料靠的是焚烧,黑烟污染了空气,还可能挥发苯系物、氰化氢、硫化物、二恶英、一氧化碳和一些碳氢化合物,这些都是影响健康的有害气体。二恶英是国际公认的一级致癌物,而且很难降解,长期在人体内累积可能致癌。此外,由于垃圾漂在河面上,河水的颜色也一天比一天暗沉。

制鞋厂虽然会造成水和大气的污染，却是老百姓改善生活的衣食父母，给东田村带来了经济发展的契机，要知道，给工厂打工的收入是远远高于务农劳作的。那么，要不要拿这一代人的蓝天绿水，换下几代人的福祉和蓝天白云呢？

中国政府一直非常重视农村问题，早在20世纪50年代就提出过建设社会主义新农村的口号。20世纪80年代初又提出"小康社会"的概念，其中建设社会主义新农村就是小康社会的重要内容之一。而要践行这一理念，农村生态环境污染问题不容忽视。

2003年6月，以农村生产、生活、生态的"三生"环境改善为重点，浙江在全省启动了"千村示范、万村整治"工程，开启了以改善农村生态环境、提高农民生活质量为核心的村庄整治建设大行动。

事实证明，这是一项高瞻远瞩的重大部署，是推进新农村建设的龙头工程、统筹城乡兴"三农"的有效抓手、造福千万农民的民心工程。

东田村没有辜负政府的期望，时任东田村党支部书记的费金伦带领全村人以科学发展观为指导，围绕"村美、民富、经济强"的要求，对照"全省小康示范村"的建设标准，统一规范和布局，加大投入力度，狠抓软硬件建设，稳扎稳打、久久为功，从东田村实际出发，从垃圾处理、污水治理两大前置工程着手，推进道路硬化、卫生改厕、河沟清淤，整治环境与农房改造并进，全面推进了人居环境改善。

美丽乡村的"东田样本"

2006年,对村里河道开始筑堤修缮

原先许多制鞋小作坊就设在家里,不仅存在用电、消防等安全隐患,噪声、气味以及污水排放也会给周边村民的生活环境带来影响。费金伦动员大家集中搬入园区生产,园区里有正规的厂房,统一规范管理,车间内场地整洁通风,供电排水管道规范布设,生产垃圾集中处理,还设立专人负责的废水处理设施,规范安全生产加工的同时,生产废水可实现回用生产。不仅保护了环境,节约了水资源,还有利于促进制鞋产业转型升级,一个个家庭式小作坊逐步向园区化、规模化、自动化转变,村民们每天的工作环境与之前相比,也有了很大改善。

养猪在当时的东田村也算普遍,是一些村民的主要经济来源。但是大大小小的养猪场乱排、乱放一些未经处理的猪粪污水,这些污水含有大量污染物质,不但导致附近的河道及沟渠受到污染,还直接影响附近村民的日常生活。采访时村民直言:"那时我们饱受臭气的困扰,平时都不敢靠近养猪场,害怕细菌病毒危害健康。"

养猪场和其配套粪便沉淀池是污水的源头,污水在养猪场外汇聚成溪,变为黑色废水,排进村里的河道中。入夏后天气变热,河水升温使得臭味弥漫,令人十分恶心和难受。此外,养猪场的污染还对农作物生长造成不小的影响。污水随着灌溉进入农田,有害物质会留存在土壤里,这些物质很难分解,积存并被农作物吸收,影响农作物的生长,还会对人、动物的健康造成危害。费金伦督促这些养猪场进行整改,将生猪转移饲养,切断污染源；对周边环境和养猪场进行了彻底清理，清除污染物和粪水；同时对沉淀池里的沼液进行转运消纳、就地消纳，减少臭味扩散。

生产污染、农业污染一一解决，接下来就要解决生活污染问题。

首先是结合东田村人居环境整治活动，积极推动生活污水处理项目。事实上，这也正是探索"水清、无味、点绿、景美"的农村污水处理模式的重要实践，是着力改善农村人居环境、践行"绿水青山就是金山银山"理念的有益探索。

过去许多东田村民采用的是土办法治理污水，比如在房子附近挖一个处理池，但往往铺设的管道不到两年就会出现渗漏甚至破裂，污水就直接渗入地里。而一座破漏的池子，不仅臭了自家人，也坏了一村的水。

"我们家房子边上都排着管道，以前，厨房用水、洗衣水，都是倒在院子里，不仅破坏了土壤，也污染了地下水质，既不环保也不方便。现在每天的生活污水就是从这些管道里排出去的。经过处理后，原先的污水又像纯净水一样干净了！"

村民家、学校、市场及鞋业园区的生活污水经过化粪池、排污管集中到生态处理池里，经过生物发酵，污水就得到了有效处理，再流入杨家庄浜河道。"效果还不错，排出的水都比较清澈。"通过采取生态绿地处理工程等有效措施，经过处理的水，各项指标均符合《污水综合排放标准》一级指标。

治理期间,费金伦和村干部们通过走访入户的方式,及时查看工程进度。兢兢业业地监督之下,2014年,完成农村生活污水治理四百零三户,两个工业园区全部企业污水入管网。2016年完成沈家浜与杨家庄浜的水系沟通,2019年又启动漾口浜与蔡家浜的水系沟通。

由于村级财力雄厚,村庄整治快速推进,先是投入六十五万元建立生活污水集中处理工程、治理河道;接着投入二百四十万元建成便捷完善的村道路交通网,通户公路硬化率达100%;接着投入二十一万七千二百元用于垃圾集中收集处理,建立垃圾中转站十个,并聘请了专职保洁人员,生活垃圾处理率、池塘和河道整治率都很快达到了100%,"这些工作对我们村以往的脏乱差情况有明显的改善,生活环境更优美,生活质量显著提高。"

短短几年,村容村貌和村民精神面貌就发生了巨大变化,达到了"布局优化、道路硬化、村庄绿化、路灯亮化、卫生洁化、河道净化、文体配套设施齐全"的目标,实现了物质文明、精神文明和政治文明的协调发展。村民们对此纷纷表示满意:"党的这个政策很好,把我们农村的下水道、自来水都搞得好,洗个菜,上个卫生间都方便,跟城里一样。环境卫生越来越好,过上了幸福的生活。"

如今走进东田村,农村生活污水乱排乱放的惯常现象,在这里看不到丝毫痕迹。东田村已变成了空气清新、河水清澈、环境整洁、村容优美的宜居生态村。这极大地改善了村容村貌,提高

美丽乡村的"东田样本"

干群齐心，整治环境

了村民生活质量，增强了村民的幸福感和获得感。水清之后，很多村民将自家房子装修一新，各种生活设施完备，在院子里种菜养花，生活舒适惬意。

费金伦带领村委班子做的第二件事是：开展全村土地综合整理。

东田村所处的位置，千百年来，绿水环绕，阡陌纵横，但又田地交叉、高低不平。改革开放以来，各种皮鞋作坊的简易厂房乱搭乱建，杂乱无序。民房中，既有20世纪80年代建的，也有50年代至70年代建成的，很多房子存在重大的安全隐患。

全村土地整治工作与百姓生活息息相关，与百姓利益紧密相连，是绘就新时代美丽乡村新画卷的重要一笔。费金伦在接受采访时强调："这样做一方面是为了满足村里发展的需要，可以整理出一些建设用地，另一方面也是村庄建设的必然需要。"

在推进土地整治工作的过程中，首先要解决的就是村民们的传统观念问题。要让大家明白土地整治项目的意义，就必须做好充分的摸底调查、宣传发动、沟通协商等工作。为了让老百姓配合、支持这项工作，就要让老百姓成为土地整治工作的参与者。在浙北农村，田就是田，地就是地，"田"和"地"在以前是两个不同的概念。平整土地前，一块田只有几亩、最多十多亩，中间隔着高高的桑地。尽管这是固有的水乡格局，但显然不适合新时代了。于是，沿袭了几千年的田地，就这样被统一起来了——变成了成片的田野。然而这中间首先需要处理的重要一项，就是移风移俗，把各家的祖坟统一迁移到村里建的公墓里。

"我们搞村庄整治,三句话,一是事先让大家同意,把方案商量好。二是如果大家有需求,也要跟他商量,调整安排,让他愿意,事后要做到大家满意。把这个原则摆在最高点就行了。三是如果他一时半会儿想不通,我们就要耐心等待,这样才能把这个好事办好。"

俗话说:"穷不改门,富不迁坟",虽然散埋乱葬不仅浪费有限的土地资源,还会破坏生态环境,造成视觉污染,与建设美丽新农村的要求背道而驰,但在农村世俗社会,迁坟是大忌,要让几百户村民自觉自愿迁移祖坟,该如何下手?"当然,将祖辈葬于自家田间地头一直是这里的传统,土地整理和新村规划,斗争是非常大的。万事开头难啊!"费金伦充满感概地说道。

在东田村,费金伦书记有个妇孺皆知的绰号,叫做"咬金"书记。这不禁让人联想到隋唐英雄里最出彩的福将程咬金,"不死的代言人,怎么打都不会死,韧性非常地强",由此也能大致感受到这个绰号"咬金"书记的处事风格和担当行为。比如迁坟这件事情,人们至今仍然津津乐道。

土地整理后,全村有七百多个坟墓,如何处置为好?当时村里的公墓已经进场施工,仅用了一个多月就全部完工,为集体迁坟奠定了基础。一开始,村委带队成立工作小组,一组一组摸排、一户一户"会诊",通过多次村务联席会议、党员会议、逐户讲解宣传等方式方法征集意见建议,但都毫无结果。"祖坟一迁,咱家的风水都不好了。""我家的坟不能迁啊,死者为大,我们活

着的人要尽量让逝者入土为安啊。"不管村干部们如何上门做思想工作，村民们的答复几乎如出一辙。

眼看事情陷入胶着状态，"咬金"书记发声了："全部统一搬迁到新墓点，三天内必须完成！我们费家带头，第一个迁。"想不到一声令下，事情就解决了，村民们竟然无一异议。

关键时刻，身为党员干部的费金伦第一时间将自家先祖坟墓搬迁进园，打消了群众犹豫徘徊的心理。干群一心其利断金，迁坟的三天里，东田所有村干部分赴一线，分户包干作业，有的负责资金发放，有的负责现场核对坟墓位置，还有的负责继续做思想工作，几乎每一个环节都责任到人。在所有村干部的努力下，东田村顺利完成了坟墓迁移工作。为了巩固整治成效，东田村委还加强宣传，将厚养简葬的新观念普及到每家每户，提倡老人在世时多孝敬，做到老有所养，老有所乐。

"移风易俗不仅需要宣传发动，更需要党员干部带头，真心实意为群众办事。和谐整治是需要带着温度的。传统观念根深蒂固，只有获得乡亲们的支持，移风易俗才能深入民心，蔚然成风。好在大部分村民觉悟还是有的，考虑到村子要往好的方向发展，大家也能慢慢想通。散坟迁移后看起来也舒服了很多，老百姓心里还是很开心的。"费金伦的总结质朴真诚。

一边迁坟，一边赶工。填土、砌坎、筑路、浇渠……几十辆大挖机、渣土车和数十名砌坎工、修渠工日赶夜赶，通过延长工时、穿插施工等方式加快平整土地进度。"施工质量影响土地使用寿命,我每天有空就会来转转。"那段日子,费金伦每天到现场把关施工质量。双眼熬红了,黑瘦的脸庞也带上了几分疲惫。

一大片土地被平整出来以后,接下来就是全面规划新村建设。而在很多村民的潜意识里,盖楼就是一座座小平房或者二层楼房,一栋栋紧挨着,没有任何规划,都是随意建设的。新村建设,顾名思义,就是统一规划。将所有人的宅基地面积统计核算后,统一建造社区,之后再根据每家原宅基地面积返还,村民凡是拆旧建新,原则上都要到村里规划的地基上集中建设,这样能为东田村绿化等建设节约出大片土地。这一下,又打破了千年以来村民多半只在原有地基上建房的习俗。

如今走进东田村,很难让人相信这里是农村。破旧杂乱的砖木屋不见了,取而代之的是优雅整洁的环境,漂亮的别墅群,让人立即联想到了那些高级住宅区。五百五十户里,36%的村民盖起了别墅,还有很多村民开上了汽车。别墅基本都是并排新建的。由于村里提供了统一的设计图纸,因此布局井然有序,有的造价几十万,有的造价则高达数百万。村容村貌焕然一新,百姓安居乐业。在这背后,却是费金伦带领的村两委一班人默默付出的汗水。他们就像新农村的地基,承载着社区建设所有的重量。

在新村规划落实后,有的村民却不愿意去,怎么办?坚持集体决断的费金伦就专门去村民小组召开夜会做工作,敞开心扉,讲明道理,并亲自按小组门牌号次序摸了各家号头。结果,老百

姓都拍手叫好。无论是旧村的拆迁、新村工程建设还是认领落户，东田村所有的工作平稳有序。

再之后，为了抓住发展机遇，村两委经过多次深入调研和广泛征求意见，确立了"保护就是付出、保护就是投资、保护就是打基础、保护就是做贡献"的绿色发展理念，开始了畜禽养殖污染集中治理工作。"这么美丽的一个乡村，发展旅游不更值得期待吗？只有把村里环境扮靓了，才能引客来、促发展。"费金伦的眼光很是长远。养猪污染大，退养有利于环境，村干部们就给养猪户做思想工作，要求他们尽快清栏，早日拆除和关停违建猪场。

2014年，东田村成为名副其实的"无猪村"，猪栏没了，生态环境自然一天比一天好；此外村里还聘请了二十几位保洁员，对村内所有区域进行统一保洁，做到日产日清；另外还成立了物业管理公司，配套一至四期鞋材市场，这一切都使得东田村的百姓成了最直接的受益者。

"说到老书记，我们都佩服！"虽然已经退居二线，但费金伦用心守护东田百姓的心没有变。他每天还是会在村里转上一圈，村民们都喜欢跟他拉家常，让他给拿主意。"让人说话，天不会塌下来"，是他过去做群众工作时常说的话，多年的工作经验让他熟知村里的每一个细节，深知每一户民情，他的细致入微赢得了群众的由衷赞叹。

正是凭借着这种真心的奉献精神，这种扎实苦干的奋斗精神，东田村始终走在新农村建设的前列，在村里走一走看一看，满眼尽是一栋栋拔地而起的小楼,一片片整齐鲜亮的小区,一个个走在新生活坦途上的新村民们。

二、文旅融合,东田村的诗与远方

绿色发展,生生不息。在建设美丽乡村生态图景的同时,在费金伦的心里,一直为东田村下着一盘大棋。

"要让东田景区化,从洁净乡村到美丽乡村再到文旅乡村,就要找准定位、凸显特色。"

如何深挖东田特色呢?在进一步深入挖掘东田村的自然地理、历史遗存、风土人情、产业特色等特点后,一个名字,从古书中浮现了出来。

赵汝愚,字子直,崇德洲钱(今浙江省桐乡市洲泉镇)人,生于1140年。是宋太宗赵光义的八世孙,修武郎、江西兵马都监赵善应的长子。这名字是他祖父给取的。取名"汝愚"大有深意,寓有"养成大拙方为巧,学到如愚始称奇"之意,表字"子直"则寄寓了祖父对他正直为人的期待。

赵汝愚从小就发奋读书,胸怀大志,还曾经说:"大丈夫留得汗青一幅纸,始不负此生。"意思是男子汉大丈夫,立于天地之间,定要青史留名。

1166年,二十六岁的赵汝愚进京参加会试,在殿试里取得了一甲第一名的好成绩,被点为状元,是宋朝唯一考中状元的宗室

子弟。既然考中了状元,赵汝愚就顺理成章地进入了官场。他不光是一名"学霸",还有很强的办事能力。在他出任四川制置使、成都知府时,羌人经常骚扰地方,烦不胜烦,赵汝愚采取了釜底抽薪的办法,对羌人各股势力进行分化,逐一平定,保证了四川境内的安定。对此,宋孝宗大感欣慰,称赞赵汝愚是文武双全。后来,赵汝愚又成为宋朝唯一官至丞相的宗室子弟。

他为官三十年,清正爱民,毕生以修身、齐家、治国、平天下为宗旨。他善待族人,平易近人,即使身居相位也非常节俭,《宋史》记载他"聚族而居,门内三千指,所得廪给悉分与之,菜羹疏食,恩意均洽,人无间言。自奉养甚薄,为夕郎时,大冬衣布裘,至为相亦然"。一代大儒朱熹在《祭赵丞相文》中说"惟公天赋中和,家传忠孝,爱君忧国,恳恳不忘,进秉机枢,适逢变故,禀承慈训,援立圣明,计定一时,功垂万世",对赵汝愚的一生给予了很高的评价。

虽然他是洲泉镇的历史名人,但镇上纪念这位著名先贤的寺庙多年前已毁。而洲泉镇赵姓人最多的地方就是东田村,费金伦决定:我们就建一个赵汝愚纪念馆!

"现在许多村庄只能看到'今',却看不到'昔',许多村民也不知道自己村庄的历史和祖先的事迹。我认为,一个没有历史的地方,是没有未来的,建立一些仿古建筑不光是为了旅游,更是一种文化传承。作为历史文化旅游村,村里要通过发展旅游美好环境,将一些历史文化符号编织起来,串成一条线,勾勒起东田

美丽乡村的"东田样本"

2016年,投资五千万元建设赵汝愚纪念馆(丞相府)

人的最美记忆,守望乡愁。"

2014年,东田村被列入浙江省级第二批历史文化保护利用村后,便启动了南宋古街与赵汝愚纪念馆项目,美丽嬗变的序幕就此拉开。首先启动的是东湖水系工程,整个区域面积约一百亩,结合东田村的自然地形,进行景区功能的合理布局。修建了赵汝愚丞相府、文昌阁、牌坊、游船码头等历史遗存建筑群,依托原有河道,开挖成湖心小岛和亲水广场。并由观光石拱桥相连,形成步行旅游环线。

这又是一个全新的重担。对此,费金伦和村委会是经过深思熟虑的。"当时力主建设'赵汝愚纪念馆'的目的和意义,一是为了纪念先贤,二是响应上级号召,推动乡村旅游转型升级。不能仅仅依赖皮鞋产业,万一这个产业以后不行了,东田村怎么办?所以我们要寻找能长久依靠的产业。这些,都是为子孙后代着想。"

对于东田村的未来,费金伦有着很高的期待,要把东田村打造成一个四五星级的旅游区,一年吸引客流量达到几百万,民营盈利收入能够达到几个亿,这也是他带领东田村进行美丽新农村建设的目标。

"有了文化背景,借力名人效应,其他事情就好办多了。"捧着茶杯的费金伦轻描淡写。雄关漫道真如铁,实现这样的宏伟目标肯定不是一件容易的事,事实上,这条路走来,坎坷周折,付出的心血一言难尽。首先是要进一步壮大村集体产业,并结合村内外乡贤企业赞助,为新农村建设提供资金支持。其次是对整个村重新进行规划升级,保证村民合理住房,从而保证旅游业发展的整体规划。

"当然,建设的过程中我们也遇到过很多困难,也有村民不理解的时候。这个时候,我们当干部的,一定要将心比心,大公无私地去开展工作。"开发仿古街征地拆迁过程中,凡是遇到一些不理解的人和事,费金伦就一一听取村民的意见和顾虑,悉心体会他们的感受,再针对这些问题一一晓之以理、动之以情。"这个时候也是充分发挥党员先进模范作用的时候,光靠我一个人是不行的。我就发动全体村干部及党员,让他们发扬模范带头精神,大家共同配合,才让项目顺利推进。"

渐渐地,以南宋赵丞相为主题的仿古建筑群不断成形,古色古香,其中"文昌阁"高高耸立,远近都能望见。如今,丞相府景点基本建成,和美丽的东湖景区相映成趣,整条古街的建设也将陆续展开。"魅力东田,宰相故里"的宣传语已经声名远扬,文化基因厚植进了乡村旅游。

事实上,在费金伦担任村书记的二十多年里,一直保持着换位思考、为人着想的好习惯。"遇到一些棘手的事情,我就想着'如果这个人是我的家人、亲人,这件事我会如何去处理'。这样去做事,大家才会服气。"

如今的东田村已经成长为一个全国闻名的美丽村庄、文明村落,集游览观光、乡村休闲与商务度假为一身,政治、经济、文化、教育、生态五位一体,共同发展。对此,已经闲下来的老书

记是打心眼里感到高兴。"真正有魅力的乡村、富足的生活,不是靠图纸画出来的,是要靠带动全民参与,真抓实干,靠一双双手来编织出来的。"费金伦如是说。

人们来到东田村,首先被吸引的就是东湖公园。清澈的湖水环绕公园,宛如一面镜子将蓝天白云和岸边的绿树丛倒映其中,水天一色,景色秀丽。湖边有蜿蜒的曲径回廊,湖心一点小岛呼应,一步一景,步移景异,驻足片刻,便能领略到一草一木的诗情画意。长长的石拱桥依水而建,亲水平台伸入湖面,宽阔的石板道,串起了高大的丞相府、红柱黛瓦的文昌阁、湖心小岛、观鱼阁等景观,草坪、荷池、亭榭、小径点缀其间。信步走来,在茂密的绿树环绕下,像是缓缓打开了一幅美丽的画卷。

而走进丞相府,则是另一派书香气华。府前照壁上是一幅石刻画,对联写的是"精忠贯日月浩气存千秋,纯孝感天地贤德存桑梓"。"状元及第"楼如今成为孩子们在乡贤沈杏林带领下练习传统字画的场所。西北角则有连通湖心岛的石拱桥。

每个天清气朗的傍晚,从乌镇搬来的水灯把村庄点缀得美轮美奂,东田湖上光影闪烁,文昌阁下人影绰绰,引得周边群众纷至沓来,在这里散步休闲的行人络绎不绝。随着音乐响起,激情四射的广场舞又成了村里一景。大家随着乐曲举手、投足、疾走、旋转,是那样的整齐划一,矫健优美。驻足欣赏的村人们一个个不由得感叹:一个东湖景区,真的让村里的生活变得更加美好!

人类毕竟是自然之子，钢筋水泥森林完全是人类建造起的人工世界，它创造了奇迹，也让人们的生活更加便捷舒适，但却离人类的家园——大自然越来越远，而有水有绿色的公园正好可以弥补这个缺憾。

"东田村的东湖景区是东田人茶余饭后、晨起暮落运动休闲的好去处。泛舟湖上，更是别有一番风味。晨曦微露时，在此听一曲古韵，舞一段八锦，便是向往的生活。白天，塔楼林立、波光粼粼；晚上，灯光璀璨、喷泉摇曳，还有广场上翩翩起舞的村民……穿行在这些仿古建筑之中，连我们这些对这片土地熟悉不过的人，竟也生出几许恍惚来。当年搞旅游开发的时候，我们还都有些怀疑，没想到现在做得这么好，真的想不到。"这是东田乡贤们发自内心的感慨。

"说起洲泉镇东田村，那自然是离不开东湖。环顾四周，因为实在是近，抬脚便到，故几乎天天感受着她的美。无论是万里晴空、晨曦薄雾，还是落霞余晖、碧波蓝湖，更甚是雨后新辉、皓月当空，总让人相看两不厌。自然而然，于东田人来说，东湖便慢慢成了人们心目中的'西湖'了。"这是东田村村民委员朱超晴饱含深情写下的通讯稿。

创造美不难，留住美却要持之以恒。"村在林中，房在园中，人在景中，这种理想的人居环境是我们要用心营造，用心爱护的。"为了环境建设始终走在其他村前面，东田村把植树添绿与人居环境治理结合起来，将花草树木栽种于村民们的门前屋后，打

造绿树与鲜花交相辉映的绿化风景线,眼下,除了东湖公园内绿植环绕、亮点纷呈外,村里道路两侧的绿化也进行了改造提升,"见缝植绿、见缝补绿"的措施形成了四季常绿、处处见绿的格局。无论是新村建设、市场建设还是企业建设,都非常重视绿化配套工作,多种片林。而林木的管护工作,则由村小组各自承担。

"自从东田村绿化美化工作开展以来,自然生态、人居环境、乡风文明都得到了有效改善,实现了从自然的乡村向成长的乡村、心灵的乡村破茧蜕变。"在村委工作的年轻干部们脸上带着笑。

村更美,村更兴。景在村中、村融景中,美丽乡村景区化在东田村悄然实践着。

自21世纪初开始,东田村先后荣获"省级全面小康建设示范村"(2005年)、"浙江魅力新农村"(2006年)、"省级文明村"(2010年)、"省级历史文化村"(2014年)、"省级历史文化重点村"(2017年)等荣誉称号。东田的成功来自以全村土地综合整治和生态修复为"双抓手",它有效推动了城乡一体化进程,真正实现了生产空间集约高效、生活空间宜居适度、生态空间山清水秀,土地收益、农民收入"双提高"的多方共赢局面。

"作为村书记,修了多少路,筑了多少河堤,这些都是必须的。但我觉得,村书记做得好不好,关键看老百姓认不认可,满意不满意。"在村书记任上,费金伦始终心系村民,殚精竭虑,身正垂范，一干就是二十三年，直到2020年6月退休，是东田村有史以来在任时间最长的村书记。而东田村所获得的累累荣誉，都是对这位"咬金"书记二十多年来兢兢业业工作最好的奖赏和肯定。

展望未来，东田村党委书记费荣平成竹在胸："随着环保要求日趋严格，鞋企在发展的同时要重视环保建设，减少污染物的排放，提高自己的社会责任感。一方面村里鞋企的绿色转型之路、'网红村'进阶之路势在必行。另一方面村里将围绕专业市场、历史人文新村集聚点等，联合本地乡贤创办的全国知名房企佳源集团，继续深化生态景观打造，共同将乡村旅游打造成为东田村的最大亮点，争取成为全省3A级景区村庄。小康不小康，幸福不幸福，关键是村民说了算。面对新的发展形势，我们不仅仅要做强做大我们的鞋业产业，更要做活做好我们的旅游产业，让东田村更有气度，让东田村民更有气质。"

目前，"南宋古街"正在建设之中，相信随着"南宋古街"的建成，东田村对于游客的吸引力将大大增强。

"以前，人们一提到东田村，首先想到的是东田村的皮鞋；希望在未来的时候，人们一提到东田村，首先联想到的是东田村的美景、东田村的旅游。"这是费荣平的梦想，也是属于广大东田人的梦想。

在美丽乡村建设过程中，东田村始终两手抓，一手抓村民致富，一手抓村民宜居。如今，村民财富性收入在全桐乡市数一数

二,"户户有厂、家家有铺",是名副其实的老板村。从一个全市债务村到全市富裕村,离不开一个人和一群人。这一个人是老书记费金伦,是他的不懈努力,以水滴石穿的精神,终于把一个近一亿元的负债村变成全市富裕村,毅力和勇气值得所有村干部学习。而一群人则是东田村的全体村民,他们全都一心一意支持东田各项事业的发展,把村里事业看成是自己的事业,特别是那些东田籍外出创业成功者,真正成了"乡贤"。从出钱到出谋划策,时时刻刻关注着家乡的发展,应该说,东田有今天,也是他们巨大付出的结果。

东田因产业而兴,又更重视生态美,发展绿色产业,走出了一条和美兴村路。回望一路走来的这些年,一步一个脚印,东田村的幸福之路是谁事先规划好的吗?显然不是。它是党的改革开放政策下,在好的带头人领路下,加上多方面的助力,和全村人的不懈努力,共同闯荡出来的。过去如此,未来同样如此。

第二节　以生态理念引领养殖业绿色发展

2017年2月，浙江华腾农业科技有限公司总经理沈建平获得首届全球浙商金奖，他和网易的丁磊、吉利汽车的李书福等知名浙商并肩站上了领奖台，"行行出状元，打造零排放的绿色'五星级猪圈'，定义安全放心的猪肉标准"，这是他获奖的理由。

2016年，华腾农业的"桐香"猪肉成为G20杭州峰会的宴会用肉，同时华腾也连续七届成为乌镇世界互联网大会供应商。G20选品要求相当严格，要进行七十多项食品安全性检测，"桐香"猪肉在药物残留的检测中，远远低于国家标准。

"一家有良心的企业，应该与生态环境和谐共存发展。"沈建平如是说。

一、"我就是一个农民"

1969年，沈建平出生在东田村一个贫困的家庭。沈家自高祖父那一代起就经商，然而因为时代的原因，到了他这一辈，家里

已经一贫如洗。加上母亲身体不好,经常生病,三分靠治七分靠养,不能顶一个全劳力挣足工分不说,每月还有可观的医疗费用支出,这一切使得这个家庭穷上加穷。"别说买肉了,饭都吃不饱,没啥可吃的,我们家一年四季就一盘黄豆酱,吃饭时就拿筷子头蘸一下下饭。"

好在,艰难困苦没有压垮这个家,而是从小塑造了沈建平自立刚强的性格。他聪明懂事,在学校学习成绩优秀,放学回家后,就跟着姐姐一起,帮家里干农活。那时他就发现,表面看起来农活单一、不复杂,但要种好、收成好,不仅需要勤快,起早贪黑披星戴月,还得讲究一些门道。

初中毕业后他选择进了村里的沙发厂工作,以减轻父母的压力。木工、绷工——干过,每月平均工资却只有三四十块,高的时候也只有六七十块。父亲当时在前进鞋业打工,工资要高一些,但也只有百把块钱一个月。这对于解决家里固有的经济困难而言,只能是杯水车薪。冬天,人们往往想让家里充满温暖的感觉,因此是沙发厂的旺季,每年从十月到过年这段时间,是沈建平一年里最忙的时候。夏天炎热,八九两个月是沙发厂的淡季,老板只付最低工资,他就去卖农村唯一的消暑食品——棒冰。每天上午先去镇上的批发部以每支三四分钱装箱,然后以每根五分的价格沿路叫卖,主要对象是放暑假在家的孩子。一枚枚硬币存进了口袋,老天也在他的脸上、手臂上、腿上留下了晒黑的印记。除了卖棒冰,他还卖过水果。

有一天沈建平注意到，村里有一块鱼塘荒废了下来，十几亩大，杂草丛生。"稻种不贵，鱼塘土地很肥沃，可以省下肥料钱，几乎不需要什么投入。"于是他向村书记建议，由自己来承包改种水稻。承包费需要一千多元钱，书记大手一挥："水稻丰收了再给。"为了种好水稻，从小就爱看书的他决定向书本这位老师求助，自学成才。东田村那时还没有新华书店，得去桐乡买书。自行车还是高级货，家里也没有，用车就得去问别人借。有时借不到，就只能靠两条腿走。二十几公里的路途，单程五小时，往返就得走上一天。好在书价不算贵，一次可以买上一两本，他就这样，一边看书一边实践。

沈建平找来一位跟自家经济状况差不多的朋友，再叫上姐姐，从此白天上班，晚上种田。种下种子等发芽，把育秧苗田里的泥精心处理成柔软松烂，幼苗长成后，一棵一棵，用食指轻点按进泥里，等幼苗扎稳根再注水入田。等秧苗长成，再从育秧苗的田里拔出来，捆成碗口粗一把把的，提前均匀抛进鱼塘改成的水田里。最辛苦的时候是施肥栽秧，在村里皮鞋厂上班的父亲这时也会赶来帮忙。亲人好友齐上阵开始插秧，裤子卷到膝盖以上，因为是夜里下田，一亩田差不多需要劳作六小时。鱼塘地肥，稻秧生长得快，田里的水草生长得更快，如果任其生长，很快就会吞噬掉水稻生长所需要的养分。除草是一件枯燥烦闷的工作，需要弯下身子用手拔掉杂草，而随着稻秧的长大，每次除完草胳膊都会被稻秧摩擦得生疼。虽然长期夜里干活，缺觉少眠，待到收获

的季节,眼见着黄澄澄的水稻连成一片,金灿灿的稻子颗粒饱满,沈建平的心里充满了喜悦。然而那时还没有稻谷收割机,全靠人力完成。一把稻子往往要打上四五下才能把稻穗上的谷粒全部都打进桶里。这既是个花力气的活也是个要技巧的活,力气小了打不干净;掌控不好力度和击打的方向,既打不干净,还容易打断稻穗。脱下的谷粒还需要在日光下暴晒好几天,把掺杂在其中的叶子去掉,再筛选干净谷粒。俗话说,晒谷容易收谷难。一千斤稻谷,两个熟练工要收一个多小时才能完成。

　　几个月的辛苦劳动,为沈建平挣来了第一桶金,整整八千块钱。那时万元户还很少见,整个东田村也就一个,而那一年,他才十九岁。种了两年水稻,一来村里收回,二来杂草繁盛,得换个门路挣钱了。有了启动金,沈建平琢磨着做些什么好。虽然村里很多人从事制鞋生意,但他想找到更快的致富方法。农村有句老话,"穷养鸡,富养猪",因为鸡的生长周期短,资金周转快,而且利润非常可观。他决定养鸡,内心还有一种对自己学习能力更深沉的自信,"养鸡业的现金门槛看起来比较低,资金少的话可以少投资,但隐形门槛其实很高,首先要掌握过硬的养鸡技术,没有想象的那么简单。比如肉鸡在生长过程中,所遇到的病毒性疾病是很多的,这些疾病的发病情况和防治措施都要掌握,除此之外还要掌握鸡在生长环境中所需要的温湿度等。"

　　为了养好鸡,沈建平先报名上了函授课程,后来又去上了面授的电大。"我有两个师傅,一个是桐乡市里的养殖厂厂长、桐乡市农业经济局的副局长费炳荣,他主要教我怎么看鸡病,怎么养殖;另一个是在杭州市农业局工作的叶老师,他是整个浙江养殖业里养鸡技术最厉害的一位。"每个周末,沈建平都骑上自行车往返于杭州与东田,去叶老师那里学习鸡的解剖、血清检测等技术。两地相距四五十公里,那时水泥公路在农村几乎都不存在,桐乡一带还很穷,又小又窄的泥路坑坑洼洼。晴天时穿梭乡间小道,倒还轻松,若是遇上雨天,小路满是泥泞,推车前行相当窘迫,车辐辘上沾满泥巴,走上一段,就要捡根小木棍把泥戳一些下来。糟糕的路,让原本就不近的距离变得更远。一路颠簸的单程就需要骑上至少四五个小时。一共学习了三年多时间,边学边养,边养边学,后来,勤奋聪明的沈建平成为桐乡市最大的养鸡专业户。

第一次养鸡,他去找费老师,这位国有鸡场场长给了他一百多只小鸡仔,一两毛钱一只,不贵,但老师考虑到他还要采购饲料,这些鸡仔是以赊账的形式给的他。"饲料很贵,当时一包饲料四十公斤,要一百四十几块钱,一百多只小鸡七天就吃完了。"饲料全部得骑自行车从桐乡驮回东田,一次只能驮上两包。那时,坑洼不平的小土路开始变成石子路,雨天不再那么泥泞,但却颠得厉害,带着棱角的小石子不知什么时候就会把车胎扎破。每两周一次,光买饲料,就得在路上花五六个小时。

"那时小鸡养在家里,等于家里就是鸡房,鸡粪很臭,家里穷,也没有楼板,睡觉时就在地上加几块木板。"对待鸡仔,沈建

平就跟对待孩子一样细心,生怕它们生病。那时因为只是试水,他白天仍在沙发厂上班,后来厂子倒闭,他又去了皮鞋厂工作,月工资也有一百多。白天制鞋,晚上养鸡,每天只睡几个小时。

精心又科学的照料,使得小鸡在生长过程中几乎没有受到过疾病的困扰。"一开始没问题,养了将近三年多,也积累了几万块钱,那时我刚结婚不久,弄了一间小房子专门养鸡,冬天快要过年的时候,有天晚上天气太冷,为了使鸡舍温度提高,就把煤炭烧暖炉放了进去,烟气逃了出来,再加上饲养密度不大,造成了鸡煤烟中毒。"

五六百只鸡,一下子全部死完了。所有的鸡苗钱、饲料钱已经投了进去,"养了几年,所有的积蓄,一下子,全部就没了。"死掉的鸡颜色发黑,有村民来买,给个一块钱两块钱,其余的几百只,只能全部掩埋处理。

沈建平养的这批鸡是美国人用遗传选育技术培育的一个肉鸡品种,叫AA鸡,只吃全价饲料,饲料里用了大量的激素和抗生素,因此抗病能力强,生长速度很快,从出壳到上市平均只需要四十九天,整个饲养周期非常短,体型还大,料肉比接近二比一。因此摊到每只鸡身上,利润高达两块钱左右一只。

他哭了,全家人都哭了。

这时,他的老师,费炳荣先生伸出了援手。出生于1944年5月的费先生比沈建平大二十五岁,多年的师生情谊,费老师早就把他当自己儿子看待。冬天时,沈建平每次骑自行车去上课,双手都冻得又红又肿,一碰就疼,费老师就给他打来温水,让他浸泡一会儿,再给他轻轻涂抹上冻疮药膏。得知他身处困境无法翻身,费老师掏出一千元钱借给他,告诉他,千万别被这打垮。

他再一次,重新开始。

如今回望过去,"那时候真的苦","那时候真的太苦了",这句话,他喃喃了两次,眼眶也因此而泛红。

养鸡的那些年,他每天早上两点起床,投喂好饲料以后,就要把鸡抓进笼子里去卖。每只笼子能装五十只鸡,一辆自行车可以驮上三笼鸡,总共几百斤。要一路骑到杭州城去卖,因为在杭州,每只鸡能比在桐乡多卖上三五块钱。这一路,会经过许多高高的石拱桥,骑不上去,只能下车,先把三笼鸡一一搬到桥上,骑自行车下桥,再一一搬下,装上车继续奋力骑。每天来回骑上十来个小时,肩膀疼、脖子疼、颈椎疼,连手掌都被车把硌得生疼。到了夏天,汗出如雨,膝盖大腿小腿的酸疼再加上高温的煎熬,完全要凭意志力坚持。每天傍晚五六点回到家,脸上全是黑黑的尘土。

为了省钱,午饭就花五毛钱买个面包吃,喝点凉白开。有一天,卖得特别好,他心里一高兴,中午给自己买了碗肉汤圆吃。胖嘟嘟的汤圆咬开一个小口,久违的猪油香瞬间弥漫开来,满嘴全是汤汁肉馅。这咸香的美味,如今回忆起来,仍是记忆犹新。"那时候想着买碗肉汤圆吃,想了好几年啊,舍不得。"

那次煤烟中毒事件之后,沈建平养鸡,基本没再遇到过大的

问题。看似终于将逆境走成顺境，1995年，大女儿出生那一年冬天，快过年前的一天夜里，下起了大雪，当时他租下了乐介村往南的公路旁一处鸡棚养鸡。之前几年平平安安挣下的辛苦钱，被他全部投入买饲料买鸡种，眼看那些鸡已经基本长成，就等着过年卖个高价了。一斤鸡能卖五十块钱，一只鸡可以卖到两百多块，结果，"一晚上几乎被人全部偷完，就没剩下几只鸡。"

整整几年积累下来的财富眼睁睁归零，他又哭了。

在养了十二年鸡后，他转了方向。此前他采购的AA鸡，是来自"上海大江"，他开始销售"大江"的鸡苗与饲料，后来发展成了"上海大江"在整个嘉兴地区的总代理。他的销售模式与众不同，绝非倒手转卖赚差价这么简单，而是非常有科技含量：只要买了他的鸡苗或饲料，鸡要是生了病，就可以找他治病。那一阵，沈建平经常会去嘉兴、桐乡一带的养鸡场，为他们提供技术服务。

正是从那时起，他开始熟悉饲料原料的采购。随着时间的推移，请他当顾问的鸡场、饲料场越来越多，他发现，饲料品类的市场规模比他之前所了解的其他品类市场规模都要大，而且自身条件也合适，慢慢地，他又转向了饲料生产，开了一家饲料厂。这个阶段，他遇到的最大一次打击是在2003年。由于"非典"（SARS）疫情这场突如其来的灾难，更由于"非典"因家禽而起的传言，造成了养殖业的巨大损失，"我们进来的原料都发霉变质了，都是钱。"

养鸡十几年，就和鸡饲料打交道了十几年。作为内行中的内行，他清楚地知道，和猪、牛、羊一样，鸡也是在养殖场格子笼里面关养大的。为了减少活动量，它们被养在狭小、拥挤、肮脏的空间，动弹不得，毕生不见天日，体液代谢不良，所以本身很容易生病。为了加速成长及改进肉品的色泽，养殖场往往给它们吃添加了多种化学物质如激素的饲料；为了能让肉鸡们获得强大的抵抗力，避免生病，就掺入了大量的抗生素；希望它们多吃多睡，饲料里还会有开胃药和镇静剂，鸡在昏昏欲睡的同时又疯狂长肉……它们体内的这些激素、抗生素还没有被完全排出体外，就被宰杀了。最高峰的时候，肉料比能达到一比一点二。也就是说，投下一斤二两饲料，就能产出一斤的鸡肉。然后，顺利出栏的鸡通过一道道市场交易程序，成为家庭餐桌上的"美味佳肴"。

而这一切，已经是行业里见怪不怪的现象。

生意一方面蒸蒸日上，另一方面，沈建平也在担忧，这些含有抗生素和镇定剂的肉食，端上餐桌之后，积累进人体内，会对身体健康产生多大的危害呢？"我自己看书，知道抗生素对整个环境影响很大，像那些对多种抗生素具有耐药性的超级细菌，跟抗生素的滥用有很大关系。"

因为有两个宝贝女儿，他对食品安全问题非常重视，一系列的"抗生素"现象引发了他的持续思考：为什么很多孩子一点小病就要挂盐水，但见效却不明显？为什么孩子早熟、肥胖的现象越来越普遍？为什么现在的孩子大多患有贫血？

抗生素类药物曾是人类对抗诸多疾病的"秘密武器",但发明还不到一百年,就受困于细菌耐药性,逐渐走下"神坛"。在中国,很长一段时间内,每年有一半抗生素用于畜禽养殖业,尤以养猪业为甚。而在饲料中添加促生长药物,则是一种更为普遍的现象,比如小猪的断奶饲料就是如此。

平心而论,沈建平的饲料厂,自创建伊始,就是一家追求科技创新、讲求道德良心的企业。厂里对饲料有着严格的化验程序,对产品质量进行全方面监控,还聘请了专家级的养殖顾问和兽医顾问,成立了二十四小时的养殖服务团队,对客户进行全方位服务。为了降低工人的劳动强度,引进机器人自动化码垛流水线;还投入一百二十多万元改建了散装饲料配送和自动喂料系统,每个猪栏安装一个下料管,从料塔底开始出料,通过管道输送到猪舍,通过管子下料至料槽,在高位时下料自动停止,整个猪舍喂料只需按"开"和"关",所有程序都是自动控制。这在当时整个浙北地区,仅此一家。

无论贫穷还是富贵,他也始终把自己看作是个农民,愿意把自己的一生投身到农业中去,希望农业不再落后,农民无比幸福。也只有他的饲料厂,想到利用冬季闲置土地和剩余劳动力,鼓励农户承包冬闲田种小麦,由于小麦不属于国家指定收储品种,便与农民签订订单小麦收购协议,增加农民收入。还与种粮大户、普通农户订立小麦保护价收购合同,收购小麦时高于国家收购价每吨二十元,并且收购水分放宽至14%,到了年末,公司还会对订单小麦进行二次返利。这些措施对于种植小麦的农户来说，是相当实惠安心的。

2012 年，时任浙江省桐乡市副市长的钱松华邀请沈建平一起前往欧洲考察农业，这一次参观，彻底改变了他的事业发展轨迹。

如果那一年，他没有去荷兰和比利时大开眼界，那么很可能，九年后的今天，他仍然一边为以食为天的人们的食品健康忧心忡忡，一边继续按照市场的逻辑经营生意。

那一年，沈建平四十三岁。而他成立于 2007 年 6 月，主要从事饲料加工、销售和饲料原料贸易的浙江华腾牧业有限公司，在前一年，刚刚通过七万五千吨饲料的生产实现近亿元的销售收入，被评为 2011 年度桐乡市优秀农业龙头企业，它也是桐乡最大的饲料生产企业，整个华东区域量最大的贸易商之一。

资金上的充裕、精神上的困惑，推动着沈建平走向了那个即将改变中国传统生猪养殖模式的重要节点。

二、养猪，要先回归猪的本质

2012 年，沈建平欧洲考察之旅的其中一站在荷兰。一位女大学生分享了自己的生活，她一边读书，一边一个人就轻轻松松养了三千多头猪。沈建平好奇地前去参观，猪场环境整洁，花木掩映，猪圈里干干净净，一点臭气也没有。她的老板用切片的生猪

肉招待参观者一行,"像吃生鱼片一样",入口还非常鲜嫩。

这次欧洲行可以说,让沈建平大开了眼界。那些猪几乎算是"生得伟大,死得光荣":养殖方式接近纯天然,确保每一头猪在健康的状态下适量成长;饲料都必须是非转基因食品,比如大麦小麦等谷物、杂粮。像伊比利亚黑猪,为什么会被誉为"世界上最好吃的猪肉"呢?原来幼猪在放养之前,喂的都是精心配比的谷物:大豆、小麦、大麦碾碎混合橄榄油、水一起调配,长到十个月的时候才进入放养阶段,灿烂的阳光下,它们自由奔跑在广阔、纯生态的地中海丛林地带或绿草地上,每天会吃七公斤橡果和三公斤牧草,渴了喝山泉,尽收天地之精华,长到十八至二十四个月才被送进屠宰场。因为一辈子吃下的食物都是纯天然、无添加剂,更不会有瘦肉精、激素等问题,这种猪的肉带有橡果香味,脂肪成分也是有利于心脏健康的单一不饱和脂肪酸。

品尝到人生中第一口生猪肉的时候,沈建平震惊了。"他们的猪肉竟然可以生吃!在荷兰,一头猪可以细分出六十多个部位来销售,每个部位有不同的吃法。可以生吃的颈部猪肉价格最贵。我们中国为什么不行呢?"几乎是临时起意,他决定涉足养猪业,"养一些猪,给家人吃,给我们的小孩吃。这样的猪肉才能够让他们健健康康地成长。"为此经当地华侨介绍,他找到了原比利时饲料协会主席、经验丰富的养猪专家——马克·胡恩。

马克出身于比利时养殖世家,家族从业史超过六百年。他本人拥有家禽业和动物饲料科学经营集约化养猪两个硕士学位,不仅对饲料加工、配方改进有独到的见解,也有着丰富的养猪经验,在荷兰、法国还拥有自己专业的研究团队。马克非常热情地接待了他,给准备回国养猪的沈建平提出了二十多条建议,包括猪场的温度、饮用水、安全的饲料、如何建设现代化养殖场、综合改善猪舍等方方面面,可以说巨细靡遗。

回国之后,有着二十多年养殖经验的沈建平逢人便说:"我们的养殖业与欧洲相比,至少落后五十年!"他这么说,是有依据的。此前为了牵头组建嘉兴市嘉联生猪专业合作社,研发肉猪节能减排绿色饲料,他花了八年时间观察浙江大部分猪场的所有数据,还派了很多大学生进猪场打工,拿到了饲料配送、生猪养殖方面的一手资料,"特别了解整个养猪的环境,看得到差异,也看得到可以改善的、能够追上欧洲的机会。"

为了让自己的家人朋友,让更多的中国孩子,都能吃到不含抗生素的猪肉,沈建平关掉了自己的养鸡场,准备从头开始大干一场。但对于马克的建议,他执行起来却大打了一番折扣。"我走捷径了。"他想当然地以为,不用抗生素就是欧洲标准,就能养出高品质的猪。他看书、查资料,甚至自学考取了中国农业大学远程学位。"但当时我没想明白,其实不用抗生素,需要很多条件支持,比如得有地暖,温湿度适中,空气和水都得过滤,还要调整饲料结构。"

那时的沈建平,还心存侥幸。"要是像他们那样建一栋猪场,在猪舍里安装地暖啥的,成本太高了,造价将近三千块钱一个平

方。这些投入可是要真金白银砸下去的,从来没听说过谁家的猪需要这样养。中国的猪场一般一个平方三四百块钱,再降降,最普通的,可能几十块钱就够了。"

沈建平想,结合自己的养殖经验,停止在饲料里添加抗生素,先搞起来再说。

2013年,沈建平的养猪场——嘉华牧场落成,小猪们也陆陆续续圈进了猪舍。沈建平是很仔细的人,稍大点的小猪腿上都贴上橡皮布,这样,小猪跪在那里吃奶的时候,膝盖就不容易受伤出血。他很满意,专程把马克从荷兰请过来考察。马克来了,一看,二十多条意见,沈建平只采纳了一条。他非常生气,指着沈建平说:"你们这些猪就要完蛋了,一定会出大事的。"

马克的预言果然应验了。"刚开始还不太相信,几个月后,小猪开始大面积死亡,一车一车的死猪往外拉,一天最多的时候死几十头猪,而且死亡只要开了个头,就停不下来了。"

养猪的第一个冬天,超过一千头小猪死于一种最为常见的病毒,死亡小猪的数量达到猪场小猪总数的70%。有些小猪已经长到了五六十斤,也突然死在栏里,虽然大家采取了尽可能多的办法挽救这些小猪的生命,却已经回天乏术。"原来,他们的猪是在非常健康的环境里生长,本来就不容易生病,所以才可以不用抗生素。"

一头五十斤左右的小猪可以卖到五六百元钱。死去的一千多头小猪给沈建平造成了一百多万元损失。这不仅是巨大的经济损

美丽乡村的"东田样本"

花园般的华腾牧业总部

华腾牧业总经理沈建平

失,更是他调转方向,准备大干一场时的当头一棒。他意识到有些事绝非吃苦、努力就能做到的,想要成功,首先要改变自己的思维方式。

上千头死猪被运走销毁之后,猪场里安静了下来,在空荡荡的猪场里转悠了两天后,沈建平痛定思痛:"没办法,思前想后,还是要去找马克。"他决定,这一次,什么都听专家的。

年薪二百万元、聘用期五年,沈建平向马克抛出了橄榄枝,聘请他当自己牧场的技术顾问。要求只有两条:"既要解决环境污染问题,还要提供放心的高质量猪肉。"一千万元,这在当时对于一家饲料企业来说,相当于近两年的利润,但沈建平觉得这么做值得,因为这意味着,他内心深处那个养出健康猪的愿望将成为现实。

马克来了,他告诉沈建平的第一件事是关于养猪的逻辑:要先回归猪的本质。什么是猪的本质呢?在马克看来,就是要在猪的有生之年,让它住得好,吃得好,喝得好,心情好……而要真正做到这些,离不开高度的自动化管理。

按照欧洲标准建设的"新型生态养殖场"在两年之后落成。如今只要去沈建平的公司,一进底楼大门,就能看到墙壁上高高挂着的马克照片。马克实现了自己的承诺,帮助沈建平打造出了生猪生态养殖全财富链。原本臭气熏天、蚊蝇横飞的猪圈不见了;站在猪舍门外一点异味都闻不到,整个猪舍地上看不到猪粪的影子;猪场里几乎看不到一个工人,工人们主要坐在电脑前,只需要按下几个开关,猪食就能从成分搭配到输送分配,全部全自动完成。人工喂食、人工清扫猪舍、人工拿着水管为猪舍降温等劳作都已经成为过去。

猪舍是全封闭式的,按照规定,技术员每次进猪舍都要先洗澡,然后穿上白色消毒服,雨鞋要过一下消毒水,身上还要照紫外线,之后才可进入。猪场采取了大量的科技手段,工作人员可以通过大屏数据调节猪舍的温湿度、氧气含量等指标,甚至用一个手机端就可以实现二十四小时远程监控管理。无论是猪舍还是通风口的设计都根据每头猪的需求和猪的数量来确定,而每头猪所需要的活动空间和呼吸的空气数量则来自研究数据;宽敞干净的猪舍里安装着强制通风设施,猪呼吸到的空气是经过过滤的新鲜空气。

这里俨然是一个猪的乐园,夏天有好的降温系统、好的通风设备,冬天有良好的保温系统。"猪喜欢趴着睡,所以肚子下边会着凉。不用抗生素,就会天天拉稀。"因此沈建平的猪舍内装有地暖,小猪保持二十八摄氏度恒温、大猪保持二十三摄氏度恒温。湿度为65%—80%,氨气浓度不超过18ppm。"我们猪场的墙壁非常厚,里面用的是冰箱的保温材料聚氨酯泡沫塑料,在国内几乎没有猪场这么做的。"每天定时自动消毒防疫,所用的消毒剂都采用植物提取液,防止化学品对猪的污染。

猪舍的"地板"采用欧洲漏粪工艺,是特制的镂空"地板",猪粪猪尿经地板缝隙刚好落入下部的处理池中;植物提取的消毒除臭剂有效地除去了猪舍的臭味。在建设猪场、改善猪舍环境的那段时间，在大女儿沈梦佳的眼中，父亲跟猪在一起的时间，比跟家人在一起的时间还多。有一次，他甚至带着满身猪粪回到了家。原来，为了研究一种新型排粪系统，他亲自测试，结果不小心就掉进了粪池，沾了一身猪粪。

小猪的每间猪舍内都装有一只铁链吊着的塑料球，和垒球差不多大小，球的材质、颜色、大小等根据小猪的喜好量身定制，小猪们无聊时可以磨牙、玩乐。这种简单的玩具使得小猪因为打架撕咬导致感染的死亡率降低了90%。产房里的小猪断奶后转移，传统做法是让猪自己跑过去，在华腾则有专车运送。母猪猪舍定期提供淋浴，水质纯净、水温恒定。成年猪猪舍有音乐，保证其心情愉悦。猪喝的水则是六重过滤纯净水。关于水，还有两个小插曲。

一是执意不听沈建平提醒的马克，马上得到了"教训"。"他到我们中国来，也跟在国外一样，水龙头打开，自来水直接喝。我告诉他千万不能这么喝。回国时，下飞机就开始拉肚子，一开始还因为不知道什么疾病引起的，看都看不好，他给我发邮件，说我这个人不行了，那时已经腹泻近一个月。"后来还是沈建平明确判断是因为喝自来水，肠道受到细菌感染引起的腹泻，这才治愈。

二是最初将健康环境下生产出来的猪肉送去专业检测机构检测的时候，发现氯这项指标超标了。后来查出原因，发现是给猪

喝的水没有过滤,而自来水是用漂白粉消毒的,含有大量的氯,猪喝了这样的水,猪肉里面就含有大量的氯。其后他们开始过滤自来水,"要进行超滤过滤,层层滤尽泥沙、铁锈、红虫、胶体、余氯、农药残留、细菌、病毒、有机物、微生物等等,确保猪肉肉质的无污染。"

在这里,食物是按需供应的。每个猪舍都装有全自动喂料系统,四小时定时给料,电脑操控,不锈钢猪槽里二十四小时都有饲料。只要饿了,小猪们就跑去吃一点,一副悠闲的样子。在物联网技术运用下,养猪场的管理人员通过一个专业的管理系统就能实时监控各个猪舍内的情况,包括每头猪的一举一动,每个猪舍内的实时温度、湿度、氨氮浓度、二氧化碳浓度、水压状况等;当猪舍内的指标发生异常时,页面会发出警报和提醒,工作人员就可以及时调整。

猪舍外的电子屏幕上也会实时提供这些信息。数据的搜集全靠分布在猪舍每个角落的传感器,它们能够敏锐感知周围环境的变化,并实时将搜集到的数据传递出来,与大数据系统分析的最佳环境指标进行对比,工作人员通过对比结果实时调整猪舍内的环境。

猪场引进的是品种优良的荷兰种猪。这种种猪全球共二百七十五头,华腾引进了五头。牧场实施分区化管理,为新生小猪、成年猪、待生产的母猪等设立单独圈舍,方便饲料的调配和喂食。整个养殖方案是将主要环境数据、猪的品种、不同生长期等要素相结合制订出来的,可以说,生产出的每一块猪肉都是大数据精密计算的结果。其间绝不使用任何激素和抗生素,八个月后小猪才会出栏。

除了大环境调控,每一头猪的生长状况也都转化为数据。每一头猪的耳标内都植入了电子芯片,这些芯片在小猪出生不久后就挂在耳朵上,伴随它们成长,是生猪的"体测仪",能够准确检测并记录生猪的心跳、体温等指标,能实现更精准的管理。每头猪在某一生长阶段的异常体征都会被记录下来,作为分析判断生猪身体状况的依据。"如果一头猪发热了,系统就会进行报警,我们就可以隔离这头猪,以免其他的猪被传染,同时也能通过精细护理而不是吃药的方式,让这头猪自行恢复健康。如果没有这个系统,靠肉眼来判断猪是否生病了,一般都要等到猪已经病得不轻才能看出来。这种情况下,猪多半是要打针吃药才能康复,这样,猪肉品质就会降低,而我们的品牌是不卖这种猪肉的。"

这些芯片还能记录猪父母的信息和各个生长阶段的相关信息,顾客可以通过扫描二维码溯源这些信息,类似猪的身份证,确保大家吃得放心。这一生物耳标系统获得中国首届物联网大会大奖。目前华腾还在尝试进行年猪的销售模式,帮顾客养猪,顾客可以通过物联网技术,在手机里实时查看自己那一头猪的生长情况。

而在让传统养猪场叫苦不迭的"如何处理排泄物"问题上,沈建平也实验出了很好的解决方法。在粪尿污染物处理循环高效利

用方面,公司已经拥二十一项国家专利,猪场也因此实现了零排放:所有排放的污水不仅经过严格处理,还实现了内部全循环利用:两道干湿分离的工艺将熟化、发酵的尿液和粪渣彻底分离,尿液经过曝气、电解、膜浓缩等层层处理工艺后形成浓缩液和水。浓缩液被用来制成叶面肥,而水则经过牧场后的池塘生态浮岛进一步吸收掉有机物,然后循环利用至猪舍的冲洗中。猪尿液的循环利用使华腾牧场的用水量只有传统牧场的三分之一,所以污染物比绝大多数牧场少很多。

固体的粪渣则通过添加有益菌配方进行再次发酵,或者碳化等处理模式,根据市场的不同需求进行不同配方的添加、生产,制成普通的有机肥、炭基肥、碳棉等,作为花卉、瓜果蔬菜的肥料。用这种猪粪做成的炭绵基质土,由于不含重金属、没有抗生素、营养成分高、保水性好,非常适合现代城市家庭用来种植有机蔬菜、立体绿化,一个月不用浇水。

在他的办公室里放着很多瓶瓶罐罐,接待来访者时,他会随手拿起一个玻璃罐晃晃,打开盖子让大家猜猜是什么?一颗颗深褐色的圆圆颗粒匀净、干爽,闻起来还有点焦香味。居然就是用华腾技术制作出的猪粪炭基肥。如今华腾年产高效有机肥三千吨,每吨售价在两千元左右,是市场价的三倍。最高端化肥达到了每吨三万二千元。

此外,华腾还与国家林业局竹子研发中心合作,从竹子里面提炼出了能够有效化解空气当中臭味的物质,制成除臭剂。该除

美丽乡村的"东田样本"

自动化操作,绿色、可持续发展的生态猪场

臭剂不但除掉了华腾牧场中的臭味，还成为市场上颇受欢迎的除臭产品。

2013年，就在沈建平下定决心打造绿色"五星级猪圈"时，几乎与沈建平同步，嘉兴开始以釜底抽薪之势，大力拆除违章猪舍，一边让"提质"成为嘉兴养殖业的风向标，推动生猪养殖业从"低、小、散、乱"向生态化、规模化、集约化方向发展。同时还开展了"五水共治"，实现了水环境质量的"两个历史性转变"：水质由劣五类和五类为主向三类和四类水体为主的历史性转变，河流交接断面考核结果由不合格向连续三年优秀的历史性转变。

可以说，沈建平的绿色决心，生逢其时。浙江的生态治理大变革，使得许多饲料公司营业额下降了一半。不转型升级，就只能面临倒闭。而他已经提前跨出了一大步。

"如今大家越来越注重环境了，养殖场要长久生存下去，环境保护工作必须做好。"沈建平如是说。而他率领的华腾也已经尝到了生态环保和规模养殖带来的越来越多的甜头：如今每饲养三万头生猪，只需八个人管理，用工节省85%；极大地提高了母猪产仔猪的存活率，平均每头母猪年产断奶仔猪数近二十五头，远超国内十五至十八头的平均水平；猪场总用水量节省60%；同时，在智慧生态牧场下所生产的"桐香"牌"三无"（无抗生素、无激素、无重金属）健康安全精品猪肉的销售价格比常规猪肉贵两倍多……

"虽然从投入上看，我们好像一直在做加法，但从效益上看，我们一直在给成本做减法,给效益做乘法。"

2016年,浙江省畜牧产业协会主办了全省首批"美丽生态牧场"评选活动,隶属于嘉兴市的沈建平的华腾牧业脱颖而出,成为嘉兴养殖业的一个标杆。而嘉兴市生猪养殖业的转型发展,也为浙江省乃至全国农业供给侧结构性改革提供了现实样板和突破点。而生猪养殖模式的转变,也让农村生态环境明显改善,农民生产结构和生活方式加速转型,对清洁、美丽乡村的综合认知和切实需求不断提高,收入更趋优化,全市农民人均收入连续十三年居浙江省首位……

三、让孕妇和孩子吃得放心

在中国的所有主要菜系中,猪肉都占据着非常重要的地位。然而近年来,猪肉食品安全事故的发生,让消费者对于猪肉质量安全状况的关注程度空前。然而,想要养出健康猪,生态牧场的规范建设还只是基础,最为关键的一步则是研发出新型无抗生素饲料。

国内一些普通饲料调制配方,花半个小时就能弄好,马克·胡恩却和团队一起,花了一年多时间。刚来的第一年里,他和沈建平跑遍浙江嘉兴、衢州等养猪重镇,走访了省内多家大大小小的养猪场,仔仔细细来了一场关于猪的田野调查,收罗各地猪场疾病产生、饲料原料、水质、土壤等相关数据,以进行本土

化研究。在收集、化验了世界各地三万多种品类的原材料后,最终确定了包含玉米、大麦、小麦胚芽、大豆、糖蜜、甜菜渣等三十二种原料的饲料配方,但每一种原料都必须保证是好品质。

为了得到优质的原料,沈建平把各个产地的原料都拿到国外权威机构检测,检测不合格则不采购。品控的过程耗资不菲,光这一笔检测费,就花了八十多万元。比如说玉米,经检测,安徽、山东的都达不到标准,沈建平就到东北去采购。为了买到质量好的饲料,他无数次开车前往东北找寻原料供应厂家。

在他的办公室里,最显眼的是一个样品柜,里面是大大小小的罐子,装着各地的玉米、大小麦等。这几年,光是检测仪器,他就花了好几百万,自己随时检测原料里的各种元素和成分。

"关于原料,我有很多的实践经验,可能比一些教理论的大学教授还更丰富一点。因为我养过鸡,知道用什么好的原料才能养出好的鸡,养鸡跟养猪其实是相通的,好的原料才能把鸡养好,把猪养好。"

经营饲料的那个时期,一年时间里,沈建平能有半年,和妻子一起开车在路上,去到广袤中国的各个地方,"我们跑遍整个中国的所有原料产地去收粮食,在中国所有生产粮食的地方的火车站,我都有朋友。"比如,他很早就发现,有一种生产于中国特定地带的玉米,母猪吃后能增强抵抗力,很少生病。"在吉林跟辽宁交界的地方,就在一个区里,有这种玉米。"游走全中国,使他一眼就能辨别出哪里的地好,哪里的地差。到后来,他去某地看玉米，晚上，不用任何检测仪器，包装袋里的玉米，他用脚一踩就知道，这种玉米的容重、水分、杂质是多少。"踩下去，声音如果不是很小，那属于水分很大，容重不高，或者有霉变，这些我用脚就能感觉到。"

在饲料经营领域，沈建平的公司并不是最强的，但为什么，他却有底气认为，在整个中国，像他这样熟悉原料的人，几乎没有？

"因为我喜欢到一线去，每采购一样东西，我都要去看看，整个生产过程到底是怎么样的。因为有些地方原料造假很厉害，比如玉米里掺入水分大、霉变粒多的。另外储存方式也会影响到质量。举个简单的例子，玉米在北方是要烘干的，那个年代，有两种烘干塔，一种是圆形，一种是方形。我要确定到底哪种干燥的效果更好，就得在那里待半个月，就全知道了。"

沈建平还特别喜欢动脑子，在粮食运输方面，他也是最早在东北采用集装箱运输方式的。"传统运粮是通过包火车皮的方式，比较贵。我发现集装箱常常空箱返回，用它们运粮食，一来便宜许多，二来也适应粮食多品种、小批量的要求，还能实现'门到门'运输。"

所有这些多年从事玉米、豆粕等饲料原料贸易和饲料加工的实践经历，让他不但对粮食产地的供应情况了如指掌，对饲料厂的情况也了解得非常清楚，这对于找到优质的原材料发挥了关键作用。而对于国内采集不到的优质原材料，他就从国外进口。"比

如大麦，在国内没有找到合适的产地，我就到澳大利亚去采购，成本一下子上浮 30%。"

最终定下的这个配方，还创造性地加入了国内现有饲料配方中从未出现过的原料，"我们加入了从甘蔗中萃取的天然糖蜜来增加猪仔的食欲，猪吃了以后，猪肉会很香甜，但成本很低。"值得一提的是，和欧洲不一样，为了提高免疫力，华腾团队还在饲料里添加了红参、麦冬、亚麻籽等数味中药材，像红参，沈建平只采购胡庆余堂的，这一味药材，一年就要花去几百万。

除了做到营养更好，这个配方的成本控制得也很好。这是因为配方里玉米等主料的比例大幅度下降，而增加了一些营养好又成本低的原料。比方说，饲料配方里的小麦胚芽，营养成分很好，成本却很低。

不过这样费尽心血弄出来的饲料配方，销售给其他猪场时，那些猪吃了还生起了病。"因为没有抗生素，也没有激素。"以致公司里其他配方师还犯起了嘀咕，沈总是不是碰到了一个骗子？"他们没去欧洲看过，而我去过各个农场，从饲料厂到养猪场，我知道好的东西对的东西是怎样的，我有底气。"

饲料被退货，卖不出去，就自家猪吃。"试下来非常好，直到今天，配方从来没改过。"而对于马克在公司中的作用，沈建平提到最多的不是"技术"二字，而是"观念"。近几年中国粮食涨价涨得很厉害，2020 年涨了三分之一，2021 年估计还得涨。还要不要用粮食来养猪呢？这是马克和沈建平讨论最多的话题。"西方养猪有用下脚料的，比如面包厂的面包粉，我就想到中国有酒糟。马克现在正在研究，比如旺旺雪饼这样的碎饼干……"

这款"新型无抗猪饲料"被认定为浙江省科学技术成果，并获得国家级星火计划项目支持。要知道，饲料不添加化学物质，还要保证猪营养充足、生长周期短等，不是容易的事。而对饲料的严格把关首先又从源头减少了猪排泄物中的污染因子。这也是最让沈建平引以为傲的，"我们每月把猪粪送到第三方检测机构，没有检测到任何抗生素成分。"

中国每年要消费大约五亿头生猪，每年产生约六千一百八十亿公斤的猪粪。专家对"新型无抗猪饲料"的评语认为："该饲料配方通过运用益生素、有益菌、酸化剂等替代抗生素的先进技术，切实实现了饲料的无抗，从而解决了畜产品的药物残留导致人体细菌耐药性加强和引发二次感染的问题。该饲料配方还做到了无重金属，很好地提升了猪肉品质，也解决了猪粪重金属含量超标而造成土壤板结的问题。"

沈建平的公司也因此登上了2015年5月的美国《科学》杂志，这是全世界最权威的学术期刊之一，他的这种先进的养猪模式被称赞为"减少了猪粪中抗生素抗性基因的数量，降低了污染土壤和附近水源的风险"。对于这些不含抗生素的排泄物，华腾又进行深加工做成生物肥料，反哺养殖业，真正实现对自然环境的零污染。

2014年6月，沈建平饲养的猪上市了。他给猪肉品牌起名"桐

香",这种从源头上控制品质的猪肉,光溜溜的,肉质紧密,拍上去手会被黏住。保水性也好,色泽类似大理石花纹,纹路清晰,红白相间,粉红鲜亮。他把这种猪肉称为"雪花猪肉"。虽然售价比普通猪肉贵两倍,猪肝则贵十倍,但在市场上反馈很好。

有一次参加浙江嘉兴展会,工作人员就用"清水煮"雪花猪肉,结果顾客们纷纷表示,肉质非常好,鲜香无比,尝不出一点儿猪膻味,而且很有嚼头,像牛肉,满口的肉香及肥而不腻的口感,吃出了小时候的味道。"桐香"的五花肉也是肥瘦间隔,层次分明,瘦肉鲜嫩且多汁。"桐香"的猪蹄则更特别了,仔细一数,足足有七个小孔。原来,来自健康猪的猪蹄,上面会有天然的小孔,小孔越多说明品质越高,七个孔是目前最好的猪蹄。猪的"本质",真的回归了。等到沈建平最后拿出猪肝,大家一下子就围过去了。一听到价格大家震惊了,原来"桐香"猪肝价格高昂,在当时一斤就要卖到七十二元钱。在大家的感慨声里,沈建平不慌不忙,将猪肝切成薄薄的一片片,放进滚水里氽二十秒后,不放任何作料,端给大家品尝。试吃了一片后,感慨高价的声音没了,人们纷纷抢着要付钱。

原来,和大家印象中只适合浓油赤酱爆炒的普通猪肝不同,"桐香"猪肝只需要白灼一下就可以吃,连去腥的姜都不需要放,吃起来味道还很不一般。如果说,平日里大家吃的猪肝感觉都有苦味,那么"桐香"猪肝,吃着却有点甜。尽管贵,"桐香"猪肝如今可是一"肝"难求。一头猪仅有三叶猪肝,购买的人却越来越多,尤其是年轻妈妈们,都想买来给孩子吃,好补血补铁。

品质好,还得用科学数据来说话。动物的肝脏容易累积代谢产生的各类毒素,猪肝本来是猪体内最大的"解毒器"和毒物"中转站",也最容易蓄积重金属、兽药、农药等有害物质,汞、镉、砷、铬、铅、氟等都易超标,不少猪场为此都不敢拿去检测。华腾却主动送到专业的PONY谱尼测试集团去检测,这是一家由国家级科研院所改制而成的大型综合性检测集团,每个月要因此多花费一万多元。第一批"桐香"猪肉上市的7月,华腾送检猪肝,检出氟含量每公斤二点二毫克,尽管按每公斤六毫克的国家标准来看,已经远远达标,但沈建平却非常不满意,他的执拗连公司员工都有点吃不消:"我们的要求不是达标,而是为零!"为此,沈建平和马克一起上溯源头,查找原因,升级养殖方式,改进工艺,把猪的饮用水升级为三道过滤酸化水(如今是六道),最终在2015年1月14日的检测报告中,猪肝"氟含量"一栏终于明明白白写着三个字:未检出。他这才满意地点了点头。

猪肝重金属含量为零,没有抗生素残留,简直可以称得上是中国食品安全领域里的奇迹。这个检测结果让"桐香"猪肉、猪肝的好名声一下子就传开了。国家农业部科技教育司副司长实地考察后也给予了充分肯定,并对华腾的生态养殖模式大为赞叹。

2014年11月19日至21日,首届世界互联网大会在浙江嘉兴乌镇举办。嘉宾有来自十多个国家的政要和政府负责人、中国十多个部委的官员,还有来自谷歌、脸谱、苹果等跨国公司的高

管,以及阿里巴巴、百度、腾讯等国内互联网巨头的领军人物。可以说,是世界级的大会,可想而知这次会议选择食材的标准有多严格。而"桐香"牌猪肉经过化验,各项指标最好,没有重金属、没有抗生素、没有激素和镇定剂等有害物质,从全省四五个优质猪肉品牌中脱颖而出,光荣地上了餐桌。"我们一共给互联网大会供应了四十八头猪。"

后来,华腾的"桐香"牌猪肉被评为浙江省十大名品猪肉。2016年9月4日至5日,在中国杭州召开了规格更高的G20峰会,与会的有中国国家主席,阿根廷、法国、印度尼西亚、韩国、墨西哥、俄罗斯、南非、土耳其、美国的总统,澳大利亚、加拿大、德国、印度、意大利的总理,日本、英国的首相……

为了成为G20杭州峰会的生鲜特许供应商,一片"桐香"猪肉共接受了七十多项检测,有五十多项不是"合格",而完全是"未检出"任何有害物质,是一份可以给孕妇和孩子吃的放心肉。当年的荷兰女大学生,用一片生猪肉激发了沈建平绿色创业的热情,如今他养殖出的安全且美味的猪肉,走上了国宴餐桌,站在更大的舞台上,征服了更多的人。

2018年,世界卫生组织前任总干事陈冯富珍约见了沈建平,肯定了华腾的养殖模式,但也对肉品的检测提出了更高的标准,要求进行SGS检测。SGS是Societe Generale de Surveillance S.A.的简称,一般称为"通用公证行",它创建于1878年,是世界上最大、资格最老的民间第三方从事产品质量控制和技术鉴定的跨国公司，总部设在日内瓦。2018年9月6日，编号为ASH18-041007-01的SGS检测报告中，"桐香"猪肉抗生素、重金属及激素等有害物质二百〇四项指标检测结果为"ND"，未检出，零！

也是在这一年，沈建平第一个猪场总共一万多头猪售罄，每头售价七千多元，实现销售额一亿多，利润一千多万元。"现在，越来越多的人愿意为健康买单，原来一些不顾环境后果的种养殖业，肯定是难以存活的。"在猪场基础上，沈建平还开发起了自己的生态农场，种植绿色农产品。

2019年6月12日，在博鳌亚洲论坛·全球健康论坛大会上，大会主席陈冯富珍博士邀请沈建平登上了名为"健康融入所有政策——抗菌药物耐药性"的论坛演讲台。他介绍了自己改良养殖技术，生产不含抗生素猪肉制品的经验，朴素的讲述吸引了在场全球卫生健康专家的关注。

> 我是沈建平，一个来自浙江华腾的养猪农民，今天，我想与在座各位探讨的是"农业上的减抗行动"。
>
> 有调查显示，2013年中国抗生素总使用量约为16.2万吨，其中48%为人用抗生素，其余为兽用抗生素。环境中残留的抗菌药可通过食物链进入人体，人长期暴露在抗菌药残留的环境中疾病几率增加，农业上的减抗行动已刻不容缓。
>
> 事实上，中国养猪已有几千年历史，但到了我们这一代，养猪碰见了前所未有的"魔咒"——猪肉不安全、不美味。我们

要打破"魔咒",探索现代化的古法养殖,坚持做到让每块猪肉"无激素、无抗生素、无镇定剂、无重金属",让孩子和孕妇吃得放心。为实现无抗生素的目标,我们从多个环节进行把关。从源头,严格把控饲料原料质量,采用无抗熟化饲料,平衡猪只营养摄入,提高猪的免疫力,能够有效避免抗生素的使用。

减抗不仅是理念,更是实践。近年来,我国制定了《兽用处方药和非处方药管理办法》等一系列政策和标准,严格限制并监管禽用抗生素的使用,努力与国际接轨。我们结合自身实际情况,借鉴国外无抗养殖经验,建设了桐乡洲泉、石门、安吉、千岛湖、嘉善五个欧洲标准化生猪养殖基地,利用空气净化、饮水过滤、摄入调节、恒温恒湿等手段减少霉菌、病原菌对猪场的污染。

减抗不仅是口号,更是行动。我们坚持无抗生素残留排泄物衍生,除了运用干湿分离技术,将排泄物制成液态肥和固体颗粒之外,还自主研发猪粪炭化技术,生产出了猪粪炭以及生物炭棉,可在苗木培育等方面代替传统土壤,已应用于相关沙漠改良项目。此外,公司还与中科院城市环境研究所共同研发高温连续炭化技术,可应用于有抗生素残留的排泄物处理。

减抗不能仅靠一个人、一家企业,更要有全社会的参与。为响应国家乡村振兴政策,我们在养殖基地建设了具有观光旅游、科普宣传功能的庄园,让消费者亲身体验、了解无抗养殖模式,真正把无抗意识传递给每一位消费者。

未来，减抗更要依赖大数据的支持，我们把猪身植入芯片的研究与应用列入工作重点，通过收集猪只体温、进食等数据，进行疾病预测分析，从而减少整个养殖行业抗生素药物的使用。

农业上的减抗之路还很长，减抗，甚至无抗不仅是目标，更是一份责任，需要我们共同努力！

从最初的饲料加工到如今集原料商业、养殖机器供给、生猪养殖、生鲜配送、肉成品加工、品牌门店销售、文化旅游于一体的现代化养猪场，沈建平心里想的，远远不是创收致富这么简单，平日里他生活简朴，不穿名牌衣服，出差不住高档酒店，而为了发展农业技术，单研发经费至今已经投入几千万元

"如果只是为了改善一家人的生活，我们现在钱已经够用了。我只想把钱用在科技上，为国家多做一些事，为社会多创造一些价值。"

有数据显示，中国生猪养殖量约占世界生猪总养殖量50%，远高于美国、欧盟及其他国家。但中国生猪的死亡率也特别高，和国外相比，要高出30%—40%。一斤猪肉的长成要消耗掉三斤粮食，如果猪不死，那么粮食就不会惊人地白白浪费。目前我国因生猪养殖效率低下造成的粮食损失高达四百亿斤，相当于一亿人一年的口粮消费。

"如果那些猪能活下来，我们国家就有三分之一的粮食不用进口。我们现在通过自己研发的生猪用电子芯片，能够实时掌握生

猪的身体状况，我要把这个技术送给农业部，送给国家。我们自己的钱已经够用。"

近年来，随着经济的不断发展，环境污染问题愈发严重，其中，土壤污染尤为突出。化学农药和化肥的长期过量使用，使得土壤层内有益微生物被大量消灭，这些微生物对土壤的形成发育、物质循环和肥力演变等均有重大影响。可以说，正是有了土壤微生物的默默耕耘，大地才会有春华秋实的生生不息。它们的消失使得土壤生态被破坏，土壤结构改变，土壤板结问题日益严重，这又使得肥料的有效利用率不足30%，上再多的肥料也解决不了土壤不吸收的根本性问题。养分不被吸收，作物长势、收成自然不会好，同时，不被吸收的肥料又会随着雨水冲刷流到别处造成大面积水土污染，形成恶性循环，还会导致食品中存在大量有害残留。而这，正是最让沈建平痛心疾首的。

中国工程院曾经组织二十二位院士、二百二十多位专家共同参与研究"中国养殖业可持续发展战略研究"重大咨询项目，结论是2020年和2030年，中国养殖业产值占农业总产值比重，分别达到约52%和55%。

"农业是传统行业，能创造的利润空间是有限的，农民还是在努力解决生存温饱的问题。今天的农业其实还有严峻的土壤修复任务。只有土地好了，水污染才会没那么严重。我只希望能把中国的土地变得更好，比如少用40%的化肥，从而整个农业能够变得更健康更有机，这样老百姓才能吃得更健康，活得更健康。健康一定要从农业开始,农业就得从养猪开始。"

华腾的实践就是用自己猪场产生的猪粪所转化的高品质有机肥,逐步改良着占地面积达三百二十亩的华腾牧场。"如果不用抗生素,猪粪其实是改良土壤最好的东西。我们土壤改良了七八年,如今用根木棍,可以下插个七八十公分。中国大部分土地现在因为板结,只能下插十公分,日本最好的土壤能插一两米深。"

此外,沈建平还带领团队专心研究植物固氮技术。氮是植物生长必不可少的营养素。大豆由于有共生固氮的根瘤菌,通过根瘤菌的作用,能够固定空气中的气态氮,一亩大豆可固氮八公斤左右,相当于施用十八公斤尿素。沈建平有次看国外论文,发现从土壤中固氮只是传统思路,还可以通过豆类植株从空气中吸收利用天然氮而减少氮肥的施用,而且这个技术不仅适用于大豆生产,也适用于其他豆类植物的种植。对他来说,凡是能减轻农业生产对土壤、水等环境破坏的技术,他都想尝试。

对土地,沈建平有足够的耐心,华腾牧场的有机土地转换就花了几千个日夜。前四年,不种植任何农作物,任杂草自然疯长而不铲除,最终使土地的肥沃达到有机标准。这之后再严格筛选每一颗种子,结合蔬菜作物自身的特点,把握因地因时因物制宜的耕作原则,人工播种,育苗。在整个生产过程中只使用自主研发的肥料,不使用人工合成的化肥、农药、激素,以及转基因产物。采用天然材料和对环境友好的农作方式,通过作物轮作、间作套种,与休闲养地水资源管理、有机土地栽培方式配套应用,

在恢复园艺生产系统物质能量和自然循环平衡的同时,创造出了万物共享的华腾生态种植新模式。

如是播种的蔬菜收获后,才可以称之为有机产品吧。有记者去参观,并且吃到了牧场庄园里种植的小番茄和地瓜后,声称终于找回了记忆中的味儿,发现"原来不是长大后口味改变的问题,而是产品的品质问题"。沈建平喜欢在公司食堂招待来访者,所有食材来自自己牧场的土地。午饭时端上的小菠菜脆嫩爽口,叶片却并不一一鲜绿,他有些不好意思,"我一早上班前去牧场拔来的,这菜好像有点冻伤了。"拔菜的时候还被看管牧场的农民阻止了,他们没有认出这个瘦削、穿着普通一如附近村民的男人,就是他们企业的当家人。

沈建平是个爱操心的人,就连吃饭闲聊,一样句句离不开农业二字。最近他又操心起了农业传感器问题。农业传感器能实时提供温度、湿度、光照、土壤pH值、降水、灌溉时间等数据,帮助农民能够讯速、动态地做出反应,最大限度地提高作物产量。"现在全国先后建成了不计其数的农业物联网示范项目,大屏幕、系统平台、田间基础设施都跟上了,但最大的问题是目前应用的很多传感器还不够智能,没法获取到足够多的数据,然后数据的运用也是一个问题,要帮助生产单位从经验种植转移到数据种植……"

他特别希望,自己多个猪场的数据,能通过技术传到卫星上。"如果能把全国生猪养殖数据都收集齐了,那就变成了大数据,就可以对国家的很多决策产生帮助。"

因为关心土地,还连带关心上了被看作是雾霾形成的重要污染源的秸秆焚烧。"传统农耕时代,秸秆都是用'压熏'焚烧的,一可以消除棉麻稻谷麦粱秸秆,二可以为下季积存基肥,是改善土壤极其重要的一环。"

原来,我国从汉代以来,秋后农耕的一项重要农田业务就是"压熏"。古时一个农村秋收后千万亩的秸秆除了烧火做饭和牛羊冬季的储备饲料外,大都用这种方式处理得干干净净。这种传统农耕方式,利于增加土壤基肥,减缓土壤板结,肥效稳定有力,保障下一季的庄稼旺盛生长。然而老祖宗们千百年来形成的优良耕作习惯,只延续到了解放前后。如今的农民早已忘记做法,近十年更是因为简单粗暴地大面积露天焚烧而被禁止。农民不得不采取的秸秆处理方式是还田。但秸秆还田最大的问题是会诱发病虫害。秸秆中的一些病虫害在粉碎的过程中并没有办法杀死,还田之后依然还在土壤里,如此一来,便容易诱发病虫害。为了灭虫则又需要打农药,如此恶性循环,造成的土地污染问题越发严重。

"因为秸秆的含水特性,烧掉很简单,但想要完全燃烧,烧成可以再利用的炭却很难。"沈建平向来喜欢知难而上,为了解决这个"难"字,他花了几千万,研制出了两台可以对秸秆进行完全燃烧的焚烧炉。"我只想把好的东西留给子孙后代。"

如今在华腾工作的足足有四百多名员工,沈建平最骄傲的一

件事就是,公司成立至今八年,每一年全员体检,"没有一个人生癌症"。为了让员工们吃得健康,喝得安全,来自牧场的绿色有机米、肉、菜全员供应。此外公司还长期租用一座山泉水库,"不是山上流下的泉水,而是天然自涌泉",十几吨的拉水车,每三天运送一次,所有山泉水供应食堂以及员工家庭,"水都是免费的"。

沈建平创办华腾牧场的初心,是"让我们小孩子吃到没有抗生素、激素,重金属不超标的健康食品",他也从来没有忘记过这一点。原本高于市场价两三倍的"桐香"猪肉,一直是以普通猪肉的价格供应给当地幼儿园的。

作为乡村振兴的重要环节,大力发展生态农业已经势在必行,绿色、可持续发展的农业生产模式,必将是未来中国农业发展的主旋律。如今,沈建平构建的这套可推广、可复制、可持续的新型生态循环农业模式,为科技生产树立了典范。他的猪场模式已经开始慢慢推向全国,规模一个比一个大。

"洲泉镇这第一个是最小的,安吉有两个,淄博有一个,嘉善有一个,上海崇明的也在开始建,珠海、海口也要有了。"

新猪场完全按照第一个猪场的模式建造,采用自动化操作方式。第一个猪场的设计、研发费用花了四千多万,之后的猪场则可以完全复制这套设计,平摊费用。据说,等到第五个猪场投入使用的时候,"桐香"猪肉就能做到平价供应了。

但,最重要的华腾总部,从创立至今,不在北京、上海,一直都设在沈建平的老家东田村。浓浓的"故土情结"背后,离不开老书记费金伦当年的大力支持、慧眼识人,以及热情挽留。"我从小生活在这里,当年是村里给了我起点,不然我也走不出这个村子,也就没有今天的我。"朴素的话语背后,是诚挚的感恩之心。人的一生要是想感受到幸福,走得长远,有一项能力必不可少,那就是感恩能力。卡耐基曾说过,感恩是极有教养的产物,你不可能从一般人身上得到,因为忘记或不会感谢乃是人的天性。沈建平却常怀感恩之心。

一路风雨,一路坚持。他感恩在自己创业路上亲人的相伴,恩师的指路,伙伴的帮忙。就连华腾这个公司的名字,也是感恩的产物。

"大约在我二十岁的时候,我去山东一家面粉厂采购,那是我第一次做原料采购生意,厂长对我很好,教了我很多东西,甚至教我怎么谈价钱。后来有一年我再去看他,他生病了,不久就去世了。但我是从跟他做生意起步的,他的面粉厂叫华腾,这个名字对我来说意义特别大,我想永远保留下来,记住他。"

下篇 | 教育与艺术，
乡村文化振兴的一双翅膀

第一节　教育是新农村的文化基础

文化外在于人,通过一个人传递给另一个人,教育显然是这种文化传递的有效形式,无论是在城市还是在乡村。文化的浸染总会流淌在我们的血脉之中。许多文化人是从乡村走出来的,乡村文化给了他们最初的成长营养。

知识改变命运,教育改变生活。毫无疑问,知识的补给,眼界的开阔会对一个人产生很大影响,以至改变其消费方式、生产方式、生活方式。建设农村的新文化,需要那些生于斯、长于斯,有文化、有知识的新型高素质农民的参与。

从尼姑庵里的村办小学,到洲泉镇青石中心小学,再到如今在整个嘉兴市都出名的桐乡市洲泉实验小学;从农业专家、省人大常委会原副主任俞敬忠,到创办"2020中国房地产百强企业"浙江佳源房地产集团有限公司的沈玉兴,再到绿色生态养猪的领航者沈建平……东田村培育出了如此众多优秀人才,可见当地对于教育的重视程度,一代一代的东田人,很讲究学习的风气,而且认为教育真的能够改变人。

一、全纳教育结硕果

1951年出生的陈明寿退休前是桐乡市洲泉实验小学的书记，一辈子从事教育的他是土生土长的东田村人。"我原来的老房子就在村里的学校边上。记得学校当时是在村里的中心区域。"

在他的记忆里，儿时的东田是贫穷的，每年五月初就开始轰轰烈烈搞水稻种植，七月份收割，然后再种植第二季的水稻，等到十月份再收割。一年两季的水稻种植，意味着需要不辞辛苦地劳作，然而那个年代，科技不发达，虽然种了双季稻，但因为品种不行产量低，肥料供不应求，两季亩产不到千斤，遇到虫灾和自然灾害就欠收，一家人的温饱问题尚不能完全解决。"从来没有吃过白面馒头，油也买不起，更不用说肉了。"

陈家弟兄四人，都是男孩，1958年9月1日读小学一年级的时候，他已经八岁了。小学就设在村子里的一座尼姑庵里，1949年后，尼姑们都被赶走了，神像被砸掉了，改成了小学，条件虽然简陋，然而在老师们的努力教学下，办得还不错。所有学生都是走读，最远的上学也不超过几里地，十分方便。学校有两个老师。陈明寿记得，有一位张老师，还是从师大毕业的。虽然学生们个个衣服破旧、蓬头垢面，但学习的劲头还是足足的。"那时就学语文、数学两门，还有一门唱歌。"打开新发到自己手里、还带着墨香的初级小学《语文》第一册以后，大家都有点儿傻眼了。除

了平时见多了的方块字以外,课本上还多了许多曲里拐弯的"外国字母"。就是这一年,五千万1958年入学的小学生成为中国第一批系统学习汉语拼音的学生。别说小学生们以前没见过汉语拼音,其实老师们以前也没见过汉语拼音。大多数老师都是现学现教。为了尽快掌握汉语拼音,老师们还在拼音字母后面加注汉字进行标记,就跟后来年轻人学习外语一样。由于老师们也是在教学中学习,所以基本上一天一课,一课教两个课时,教大家认识二十一个声母、三十六个韵母的发音和书写。由于汉语拼音是以北京语音为标准音制定的,所以从小学过拼音的陈老师,方言味不浓,普通话不错,这为他以后顺利站上讲台打下了一定的基础。

1960年,为了响应"大跃进"运动,读书也搞起了大跃进,小学里有了跃进班。十二岁的陈明寿虽然只读了四年小学,却跃进两级,可以直接考初中。十二岁也可以去生产队劳动挣工分了,"那时家里生活比较困难,父亲让我继续读书,可我想家里没有工分就没有收入。"在那温饱未解决的年代,按劳取酬,工分是农民唯一的家庭经济收入,劳力多自然工分多,为了多挣工分养家糊口,十二岁的孩子不得不整天跟在大人们后面战天斗地,热火朝天地参加生产队繁重的"双抢"劳动。凌晨四五点钟左右,就随着生产队出早工的哨声而起,一会割稻,一会捆稻,一会拔秧,一会栽秧……晚上七八点在队长粗犷的哨声中拖着疲倦的身子收工。那棋盘式的稻田里留下他成串的小脚印,无数田埂上留下他爬上跳下的痕迹。

不久"文化大革命"开始,大家不再读书。十九岁那年陈明寿决定去当兵,驻地在江西,他被分到机枪连当兵。部队里的生活显然要比农田劳作幸福许多。尽管"文革"期间物质缺乏,连队伙食较差,但早饭还是有白面馒头、窝窝头、小米粥,中饭、晚饭两顿都有一个烩菜,如白菜猪肉或粉条猪肉,每周大部分时间都是小米饭,但一周能吃上一次大米饭。在这样温饱皆有保证的环境里,他在连队刻苦学习文化知识。

1974年2月,陈明寿转业回到东田,月底大队做出决定,派他去东田小学做民办教师。还是在那座尼姑庵里,还是那一层平房,还是初小(只有一年级至四年级的称为初小,读完四年级合格者,取得初小学历;五年级、六年级被称为"高年级"。读完高年级合格者,取得高小学历。具备初级小学和高级小学的学校,称之为"完全小学"),在校学生总共一百多个,老师增加到了四五个。

陈明寿经历过包班教学,也经历过复式教学。包班教学就是语文、数学、体育等全都教,不过主要还是复式班教学。"我负责两个班,从一年级教到四年级。一、二年级的学生在同一个班,四十分钟的一节课,分两次上,前二十分钟上二年级的课,然后给二年级学生布置作业,再给一年级学生上课。有时给二年级学生上课时,一年级的学生完成作业后,就各干各的,会交头接耳地说起话来。为了不影响上课,就要随时查看他们的作业,手把

手指导,或者再给他们布置作业。时间长了孩子们也就习惯了。当时我也不是很懂教学,一边教一边慢慢学。"

考试都是开卷的,因此师生压力都不算大。陈明寿经历过农田、旱土劳作和粉笔加黑板教学的"两栖"岁月,承受过生活贫困的艰辛,却和其他民办老师一起,用坚毅的双肩支撑起东田村农村基础教育的半边天。

小学,是人们接受最初阶段正规教育的学校,是基础教育的重要组成部分。需要强调的是,当时民办教师并不列入国家教员编制,是穷国办大教育的历史产物,是为了农村能普及小学教育,解决师资不足的临时办法。但恰恰是他们,在长达半个世纪的时间里,支撑起了中国整个农村地区的基础教育,为农村教育事业做出了重大贡献。到1977年,全国民办教师达到四百九十一万人。一直到2000年,民办教师才逐渐退出讲台。

1978年恢复高考后,对教育的重视程度逐步提升,为了适应时代的进步,陈明寿参加了上级教育机构举行的各种培训,吸取了学识养分,通过考试转成了公办教师,后来被调去桐乡市洲泉中学任教,还专攻起了化学教学,成了一名优秀的化学老师。

2001年4月24日,桐乡市洲泉镇青石中心小学挂牌成立,2003年开始撤点并校,原来的村校东田小学被并入,陈明寿被调去担任书记,一直干到退休。退休前,他干了这么一件大事,"当时学校没什么名气,能够调动的社会资源有限;规模较小,有限的办学经费主要用于常规教学;师资力量相对薄弱,教学创新无从谈起……干教育没钱就很尴尬了，待遇低条件差自然就留不住年轻人，有实力的骨干教师看到待遇好的环境自然也就跳槽了。"他找到时任东田村党支部书记费金伦，"我们书记脑子非常聪明，其实他识字不多，就这样一个不太识字的书记，身上却有让我们读不完的、在书本上学不到的知识。当时东田村在他的规划下，其他方面发展得都比较好。他也知道自己没文化，所以比较注重文化发展。我建议他，能不能让有出息的东田人帮帮忙，把咱们小学教育给搞上去。"

费金伦非常重视教育，"一个村的发展关键在人才，人才关键在教育"，村集体一有了可支配收入后，他就召集村"两委"开会，商定村集体出资，在村里设立了教育基金，村里只要有考上大学的孩子，他都给予奖励。

陈明寿的建议提醒了他。"只有让更多人参与，才能让更多人重视教育，尤其是那些在社会上有影响的人。"费金伦找到了原足佳皮鞋厂的领头雁、现全国五十强房地产企业——佳源集团的董事长沈玉兴。沈玉兴一听，非常爽快地答应了："洲泉这片热土养育了我，是我深爱着的家乡。如今，能够为家乡发展贡献一份绵薄之力，是我的光荣，也是我的责任。"他慷慨解囊三千三百多万元，那一年，是2008年。除此之外，他还每年捐赠四十万元的教育资金，对在校任教、教学成绩取得进步的老师们进行奖励。

2009年11月，校舍异地新建方案正式启动。2010年11月，第一期工程竣工，11月11日，占地三万多平方米的新校舍正式

启用,学校也更名为桐乡市洲泉实验小学。它的建设完全按照省Ⅰ类标准,设计理念超前,设施配置一流,智能化系统一步到位。主要建筑包括行政楼、教学楼、阶梯教室、风雨操场,配有专用教室、校园音响系统、校园电视系统、二百五十米环形标准塑胶运动场等,每个教室都配备多媒体。

新校舍启用之际,陈明寿提出了"全纳教育"的理念。全纳教育强调学校接纳所有学生共同参与和学习;主张在学校中要关注每一个人,注重集体合作,并能够按照学生的不同个性和需求来进行教学,促进所有学生的参与,发挥学生的主动性和创造性。

"我们教育的目的是为了创造一个团结、友爱、互助、文明的社会,要让每一位孩子都能发展个性特长,找到属于自己的一片天空。"

打开学校的网站,可以看到这样一段话:下园丁千滴汗,浇得东园秋色浓。每一个孩子都是一笔珍贵的财富,让我们为孩子们的快乐成长而努力工作,用爱心去浇灌,用真情去感化,用智慧去启迪,用人格去熏陶,用理想去塑造个性千差万别的孩子们。挖掘其潜能,发挥其特长……

正是在这样的教育理念支撑下,"校园小达人"应运而生。"小达人"的灵感来源于电视选秀节目"中国达人秀"。"达人"作为一个新出现的流行词,是指在某一领域非常专业、出类拔萃的人物。"校园小达人"不同于中国达人秀中的专业达人,而是指在学校范围内某一方面具有特长、有显著特点的学生,可以是在学习

美丽乡村的"东田样本"

2010年,青石中心小学异地迁建

上、能力上,也可以是在品行上、休闲上。他的特长不需要很高的门槛,更为草根与多元,只要他有某一或几方面的突出之处,学校就可以认为他符合"小达人"的标准。很快,"写作达人""速算达人""运球达人""口语达人""呼啦圈达人""美食达人""折纸达人""象棋达人"等应运而生,每一个孩子都找到了展示自己特长的机会。

这种"容人之短,纳人之长"为特色的"全纳教育"模式显然非常成功,每一个孩子都看见了自身的长处。"学校就应该以人为本,接纳每一个人,不排斥任何人。这样孩子们将来获得机会的可能性就越大。"正因为充分尊重了每一个孩子梦想的权利,校园里呈现出一派生机勃勃的景象。

而在家访时发现,相当一部分居民家庭不重视孩子的课外阅读,也使得他很揪心。"胸无春秋志难远,腹有诗书气自华。书是知识的载体,是人类共有的精神财富。读书使人充实,读书使人沉静,读书使人高尚。可是很多新居民孩子,没有自己的课外书籍……"为了改善这种现状,让读书成为师生的习惯,让书香飘满美丽的校园,陈明寿想了很多办法。

首先是在综合楼大厅设立了整齐的书架,上面摆放上各种书籍、杂志,书架一旁的报架上,报纸每天更新;每个班级都设立了图书角。为了让每个孩子都能读到与其他孩子一样的书,学校在组织书源上想方设法,努力让每个孩子都能读到喜爱的书籍。首先是重视书籍的征订工作。每次订书时,将订书单发到各年级,由各年级的语文教师,为孩子们挑选适合阅读的书籍,并做到班里每个孩子人手至少四本。其次,发挥学校图书馆作用,组织学生定期向图书馆借书。同时,发挥班级图书角的作用,发动孩子们将家里的书籍带到学校,与同学们共同分享。

2013年3月,桐乡市教育局提倡各校创建"一校一品"体育特色项目,陈明寿陷入了沉思:这么多名学生共用一个操场,锻炼场地交织在一起,足球、篮球、田径等传统学校体育项目无法惠及每一名学生;学生家长收入高低不等,舞蹈、绘画等项目无疑会增加额外支出……思来想去,他想到了独轮车。

"之所以选择'独轮车'这个新兴项目,主要是因为它物美价廉、重复利用率高、场地占用率小、趣味性强,便于在农村推广,再加上独轮车是一项'益智运动',能提高学生身体素质、增强智力。"

当时还是独轮车"门外汉"的体育老师们开始了紧锣密鼓地培训。首先是从网上下载视频,边学边看,掌握基本的独轮车技巧。随后,学校通过"请进来、走出去"的方式,熟练掌握了独轮车教学流程。

那时候,桐乡市内还没有哪所小学将独轮车引入体育课堂的,安全如何保障、孩子受伤了如何向家长交代……这是来自同事们的质疑;"不花时间多教文化课,却让孩子学骑独轮车","孩子摔坏了谁来负责"……有些家长也不乐意了。一时间,反对声四起。

家长们的担心不无道理,确实有孩子因为学骑独轮车,腿上

摔得青一块紫一块的。很快,有家长找上门来,直言孩子再学骑车就转学。办法总比困难多。学生边骑车老师边护着、在操场人工草坪上缓慢骑行能减少受伤、学生想骑车必须先完成作业……一系列有效措施逐渐打消了家长们的顾虑。看着独轮车给孩子们带来了快乐,家长们也慢慢接受了这一现实。

独轮车运动其实是一项由杂技演变而来的新兴的、具有多种形式的运动项目,它集健身、益智和娱乐为一体,融合了惊、险、奇、巧、美等元素,呈现出与众不同的风度、气质、品位和独到的观赏性。它对平衡性的要求尤其高,每时每刻都要保持平衡,而且是前、后、左、右均要保持住。长期练习独轮车,可以协调全身肌肉和经络,锻炼神经反应能力。

自从练习骑独轮车,学生们的体力、耐力、平衡性、柔韧性、灵活性、协调性都有大幅度提升。2013 年 5 月,桐乡市新闻网报道了这一特色;6 月,桐乡电视台《桐乡新闻》以《阳光体育,特色发展》之名详细介绍,并在嘉兴电视台播出;2014 年 1 月,基于该项目创作的微电影《飞扬的轮子》,在桐乡市教育局"迎元旦"文艺节目网络展播评比中获得"优秀表演金奖"和"优秀原创金奖"两项殊荣;3 月,学校独轮车队的《车舞飞扬》节目参与了浙江电视台公共·新农村频道《流动大舞台》的现场表演和拍摄;之后几乎每年都参加各种演出展示活动。为了让更多孩子能踩上"风火轮",学校体育教师一边进行教学实践,一边结合自己所掌握的理论知识,着手编写了独轮车校本教材《独轮飞扬——扬出健康人生》，使独轮车教学有本可依。2017年，《独轮飞扬》校本课程被评为浙江省精品课程。

如今，作为洲泉实验小学的体育特色项目，独轮车在孩子们面前展开了一个新世界，也促进了孩子们德智体全面发展。从简单的扶杆上下车，到扶杆摇车，再到摇车、骑行、绕桩、跳车、拉手、独轮旋转……孩子们的花样很多，骑行已经不算什么，有的孩子还会脱手上车、九十度急转和在独轮车上跳花绳，让人看得眼花缭乱。

每到大课间（第二节课和第三节课中间会有半个小时的休息时间），清脆的音乐划破校园寂静，操场上就沸腾起来，洋溢着青春的活力和运动的快乐。在教练的哨子声中，孩子们先来五分钟热身，然后熟练地戴上护膝，登上独轮车，飞驰在操场上，幸福的笑容绽放在孩子们的脸上。

除了独轮车，洲泉实验小学还有一项特色课程，那就是皮贴画。皮贴画是一种现代工艺品，顾名思义就是用彩色皮革剪贴成的画。它取材皮革的边角下料，是以各种色彩斑斓的羊皮、牛皮为原料，巧用真皮的纹理和质感，精心构思，巧妙拼接，通过画、剪、包、粘、贴等制作工序进行创作而成的工艺作品。既有远古淳朴的古村风格，又有现代时尚的浮雕效果。宫廷侍女、花鸟虫鱼、可爱的卡通及抽象的图案，都能以皮贴画的形式来展现。

学校所处的东田村以制鞋闻名遐迩，大大小小的皮鞋厂星罗

重视教育就是重视未来

美丽乡村的"东田样本"

别开生面、丰富多彩的校园活动

棋布，自然少不了如山的皮革边角料，这些过去被当作垃圾的没用东西，为皮贴画的创作提供了材料保障。在学校美术组老师们的独到慧眼和灵巧双手下，变成了颇具地域特色的新颖民间工艺品——一幅幅精美的皮贴画。老师们充分利用这一资源，将收集来的边角皮料进行清洗、消毒、挑选，指导学生们创作出一幅幅构思精妙、美轮美奂的皮贴画。既减少环境污染，又培养学生的动手能力、审美能力和创作能力。为了让学生们更加系统地学习皮贴画，老师们还专门合作出版了教材《玩皮》，教材针对每个年级学生的不同特点开设了不同模块。

有一种声音说，这一代的中国孩子缺少"美的教育"，孩子们被千篇一律的钢铁城市"困住"，让他们领略美显得尤为重要。皮贴画取材生活，课程中还融入有趣的乡土知识，学生们对这一课程充满了兴趣。有学生表示，自己以前是坐不住的人，掌握了皮贴画的技巧后，休息日也能待在家里静下心来做做贴画，这带给了她不一样的快乐和体验。

事物都是在发展中成长的，这门皮贴画课程的开设也是一个慢慢摸索、不断创新的过程。比如，刚开始做皮贴画用得最多的就是胶水，但是后来发现胶水久了会使皮料的边角翘起来，贴不牢，所以现在创新了方法，改用毛线来做皮料的缝合。

"利用做皮的废料来自制创意皮贴画，不仅增强了学生的耐心和细心，同时也培养了学生'变废为宝''节约资源'的意识，它是提高学生创意思维能力的有效尝试，也是各项教学实践活动的有效延伸。"

当今社会提倡创新精神培养,从小培养学生的创造力就显得尤为重要。一幅幅皮贴画作品栩栩如生,恰恰充分体现了孩子们对日常生活的观察和他们丰富的创造力。

发展这么多艺术类体育类活动,是否会影响到孩子们的文化课学习呢?现任校长蒋国林微笑着摇摇头。"不会。实际上对于文化课的学习,我一直有这样一种看法:小学时代不用花太多时间在文化课上,如果能学会一样体育或者艺术的技能,可能比文化课考一百分还要重要。学习是为了什么?一是向外学习知识,了解更大的世界;二是向内了解自己,丰盈自己的精神。一个人哪怕学习了很多知识,但内心很可能还是空虚的。而且文化知识更新得特别快,今天可能被认为是对的,几年以后可能就不对了,但体育、阅读、艺术是伴随一生的,是更重要的,体育能点亮生命,艺术能丰盈人生,所以希望他们从小就能受到这样的熏陶。"

二、水润童年谱新篇

2020年12月,洲泉实验小学十周年办学成果展示活动隆重举行。总结过去、感恩乡贤、展望未来,蒋国林表示:"学校将以归零的心态,翻篇的姿态,奋发的状态,开启新的征程,为把学校办成一所'老百姓家门口的名校'而不懈努力。"

是的,这所已经有六十八年历史的小学校,已经从一所不起

眼的农村小学,蝶变成为家长们争相让孩子入学的重点小学。

2019年,儒雅朴素、颇具亲和力的桐乡人蒋国林接任校长,带领着全校师生继续深耕"全纳教育",并在此基础上,提炼出了"水润童年"四个字。虽然在这里工作才两年时间,但他对洲泉实验小学完全不陌生。"早就了解这所学校,调任之前我也来这里讲过课。以乡镇的标准看,十年前这所学校新校区建成时,就已经是整个桐乡最好的。"

近几年来,乡镇党委、政府以"不重视发展教育的领导班子不是一个合格的班子"为鞭策,大力宣传"科教兴乡"。东田村书记费金伦在各种场合都表达过这样类似的意思:如今一个镇长要是到了一个地方,没有造一所好一点的学校,都不好意思说自己来这个地方当过官。这也从另一个角度说明,地方上对教育的重视程度。

百年大计,教育为本。重视教育就是重视未来,办好教育才能赢得未来。长期以来,教育都是桐乡的一面旗帜、一张名片、一个标杆,尤其近几年高考成绩斐然,"学在桐乡"已经成为一大品牌。就拿2020年浙江高考成绩来说吧,桐乡在生源基数减少一千多人的情况下,一段上线人数普通类(不含体育、艺术)达到八百六十人,一段上线率为24.5%,上线人数及上线率均居嘉兴县市首位。桐乡一所学校的录取人数可能就相当于嘉兴下辖一个县或者一个县级市的总录取人数,所以从2020年开始,很多外来家长要把房子买到桐乡来,让孩子在这里上学,连带着桐乡的房地产业也兴旺起来，房价涨了不少。

在蒋校长看来，为什么桐乡人格外注重教育，跟历史上这里出过大量知名文人有关。"北宋时期，这里离首都开封很远，后来北宋南迁，首都迁到了杭州，大量的名门望族迁到了这附近，所以宋朝的桐乡人文鼎盛。"据光绪《石门县志·科举表》记载，桐乡出过八十一位进士，其中北宋七人，南宋七十四人。如果再从桐乡精确到洲泉镇，历史的星河里，洲泉镇的文人同样是群星璀璨。南宋名丞相赵汝愚出生在市河岸边；汉朝时这里就有了吴氏家族，清初著名的浙派诗人吴之振就出自这个家族，至今还存留一枚'洲泉吴之振'的印章。他的诗被称为'清初山林诗，之振为第一'，他还是一位藏书家、出版家、书法家。他的《黄叶村庄诗集》和《宋诗钞》，都被收录进了《四库全书》；此外这里还有一个胡氏大家族，最响当当的是金石篆刻大家胡菊邻，他和吴熙载、赵之谦、吴昌硕并称为晚清四大家，也是西泠印社的发起人之一；另外像状元钟鼎，参与编撰了《四库全书》……

历来崇学的风尚一直延续着，从学校发展历程来看，1953年2月青石乡小学创办，校址青石桥堍；1959年2月更名为洲泉公社第三中心小学；1961年更名为青石公社中心小学；1969年9月开设初中班；1974年以大队为单位建立了清河、南庄、乐家村、岑山、小元头、东田、苑家桥七所村校；1978年改称青石公社中心学校；1984年中心小学分设，更名为青石乡中心小学；2001年乡镇合并，学校更名为洲泉镇青石中心小学；2006年8月，中心

本部迁至东田村杨家庄东侧，原青石初中校址；2008年秋，所有村校分部并入中心；2010年11月，佳源集团投资修建的新校区落成，学校正式更名为桐乡市洲泉实验小学。这一步一步稳健的发展，体现了整个社会、洲泉镇、东田村对教育的重视程度。"老书记费金伦非常重视，他对知识有发自心底的敬畏。在当时造这所学校的时候，出了很大的力气。征地拆迁这些是很困难的，全都一一解决。学校建成后也是非常支持，说是只要学校有困难，一定第一时间处理。古时人们常说，教子孙两条正路，宜耕宜读。耕读传家，确实能改变乡村生活。"

耕者，事稼穑，丰五谷，养家糊口，安身立命。读者，知诗书，达礼义，修身养性，以立功德。如果用通俗的方式解释耕读传家，那就是脚下有泥，心中有墨，利于传家。耕读传家，其实是浙北地区约定俗成的民风。党的十九大报告中指出要"推动城乡义务教育一体化发展、高度重视农村义务教育"，乡村振兴是乡村全方位的复兴，乡贤则对自己的家乡会更有归属感，东田村通过依靠乡贤这样的社会力量捐赠，使得原本局限一地的乡村小学发生了翻天覆地的变化。

在佳源集团董事长、东田村人沈玉兴的帮助下，前期投入的三千多万元用来升级学校硬件设施。硬件跟上了，前来应聘的老师自身条件也水涨船高，往年师资不足、不佳的状况得到了彻底的改善。沈玉兴对优秀教师的奖励扶持也使得入职的老师每月收入有所增加，高于当地同等资历的老师。高薪意味着高要求。学校自然会对教师的师德师风、教学质量等均有具体的要求。老师所负责班级学生的日常表现也纳入考核。除了较高的薪水外，学校也非常重视老师的再学习，希望开阔老师的眼界，并更新其教学理念。在各种综合因素的影响下，老师们的工作态度、激情、责任感也被激发了。

"这些还不够，理念也要革新，一般来说，乡村的老师和城镇的老师教学理念上还是有点差异的。"比如，乡村的老师很少会把很多社会上先进的知识链接进课堂当中，教学模式传统、落后，学生就缺乏兴趣。"好在桐乡这个区块是方块形的，中间是梧桐镇，交流起来比较方便。不像海宁，狭长的一条，这样会造成南北之间交流不畅，所以综合而言，城乡差异并不大。所以原有的老师们通过外部交流学习，新教师新生力量不断注入，几年更替下来，如今我们小学教学质量跟城镇的差异不大。"

蒋校长上任后，在原有的"全纳教育"办学理念基础上又增加了"水润童年"四个字。水在中国传统文化中是特别的存在，源万物而不争不抢，是大气；纳百川而不拒细流，是包容；一滴水而日久穿石，是专注；无常形而激浊扬清，是变通。这其中，大气是对自己的要求，包容是对他人的态度，专注是对目标的执著，变通是对路径的探索。

基于水的特点，蒋校长又提炼出了三种学生应该养成的、能"为幸福奠基的"好习惯，再发展出六种行为九种素养：

净→自律、珍爱→健康、文明、品位；

竞→挑战、担当→责任、勇敢、梦想；

静→思考、阅读→审美、智慧、情怀。

"从教育角度我们提出三句话：健康第一，习惯奠基，向美而行。文化对于学校来说很重要，甚至比很多看得见的东西更重要。有时候人不在了，文化还在。文化一定要接地气。"

如果没有文化，就不能称之为学校。如果没有培育出真正意义上独具特色的学校文化，学校就没有了灵魂，也就没有了竞争力。一所好学校，任何时候，都是不能没有灵魂的。洲泉实验小学以"全纳教育，水润童年"作为校园文化建设的基础方针，就是希望学生能容人之短，纳人之长，上善若水，追求至善。这八个字好懂易记，即使是一年级的孩子，引导一段时间也能深深地刻在脑海，并慢慢地内化于行动。

由这八个字引申开去，学校强调包容文化、忠勇文化、积善文化、侠义文化、红色文化。介绍起这五种文化，蒋校长如数家珍。

"赵汝愚的祖上是在南宋建炎年间迁居洲泉的，同时期迁居洲泉的士大夫家族有近二十家，包括北宋名相苏颂家族、宋代名臣吕安老等，可见洲泉自古就有包容的文化。如今洲泉是浙北地区工业重镇，集聚了二万二千名外来务工人员，他们共同为洲泉的繁荣做着贡献，我们要张开臂膀迎接他们。这是包容文化。

"洲泉有座'一指坟'，是明朝人吴尔埙之墓。吴尔埙是崇祯十五年的进士，明朝末年清兵入关，狼烟四起。吴尔埙就去扬州投在爱国将领史可法麾下，立志誓死守城，抗击清兵。后来清兵大举进犯,扬州城危在旦夕。吴尔埙拔出佩刀自断左手一指托朋友带回家乡交其父母,并慷慨激昂地表露心迹:'贼仇未雪,儿不还矣。'清兵攻入扬州后,他身负重伤,宁死不愿投降,纵身跳入井中,壮烈牺牲。这是忠勇文化。

"唐代的时候,洲泉以其地'四周皆水,其中一地如钱'而得名洲钱。清朝时才被慢慢称作洲泉,属于积善乡。清初浙派诗的三大代表人物,有两个在洲泉,都是积善的典范。吕留良精通医术,疫病流行时,他施药救人,经他医治救活的人成百上千。他还撰写了《赈饥十二善》,分为十二点阐述他的赈饥主张。吴之振在康熙十年,江南大旱时开厂施粥,分区赈米,自正月至麦收,救活大量灾民。他筑路、浚河、育婴、恤孤、施药、助葬等,因为慷慨好施与,得到浙江巡抚的称许,以匾额表彰,称他是'义赈乡间'。这是积善文化。

"吕留良死后,雍正十年因为文字狱事件被剖棺戮尸,子孙及门人或戮尸,或斩首,或流徙为奴,因为太过凄惨,野史上就传说,说吕留良的孙女吕四娘悲愤填膺,她只身北上京城找雍正报仇,途中巧逢高僧甘凤池,甘授吕四娘飞檐走壁功夫及刀剑武艺。进京后她潜入乾清宫,刺杀雍正,提首级而去。这是侠义文化。

"抗战时期,洲泉曾是浙西特委所在地和苏、浙、皖游击区中心。这是红色文化。"

在蒋校长看来,好学校从来不会只有高分,结实的文化灵魂才是它们巍峨屹立的基石；也只有文化和灵魂才能穿越历史，不仅导引当下，还能通向未来。而要建立学校实实在在的文化，形成共同的信仰和价值观，就要采取措施保证它变成学校变革的不竭动力，具体到学校制定的各项文化制度上。

"首先是环境建设，我们通过文化走廊的布置，让大家有这个意识。其次是开发相关课程，把我们的教育理念渗透进去。要一步一步走，我们现在做的只是第一步，是整体规划层面。我们会循着物质文化（表层）、制度文化（浅层）、行为文化（深层）、精神文化（核心层）的路径，把'全纳'和'水润'从我们的价值追求，变成工作中的一个个行为准则。"

怎么才能让孩子们有一个水润童年？目前洲泉实验小学实践的是"柔的教育"，也以此标准评价一堂课或者一个班主任的管理方式。"我们不主张苦难教育，挫折教育，干巴巴的教育。以前我们的传统观念是'吃得苦中苦，方为人上人'，总觉得小孩子要学会吃苦，但是现代的儿童观并不是这样的，奥地利心理学家阿德勒说过两句很有名的话：幸运的人一生都在被童年治愈，不幸的人一生都在治愈童年。他还说：决定孩子一生的，不是成绩，而是人格教育。"

蒋校长认为，"柔的教育"普适性比较大，给孩子一个幸福的童年，比让他从小刻苦磨练更有意义。"幸福是什么？简单来说就是爱的教育，所以我们小学要给予柔的教育、爱的教育、人文教育、艺术教育。"

柔这个字，其实包含着细腻、温柔、坚韧多种力量。郑板桥的《竹石》就显示出了这种以柔克刚的柔的力量："咬定青山不放松，立根原在破岩中。千磨万击还坚韧，任尔东西南北风。"柔的教育，本质是要让孩子体验到柔软、慈爱、善良。很多教育工作者都有共识：引发邪恶的绝对不是善良，而是冷漠和无情。

"我们首先要让老师了解，爱是什么。首先，只有付诸于行动的爱才是真爱。老师对学生不光要有爱的情感，还要有爱的行动，讲究爱的艺术，这样才能让学生感觉到老师对他们的爱。老师毕竟都是有知识的，学校通过导向、制度的设计，鼓励老师把自己对学生的爱融入教育教学工作的每一个细节当中去，只有当老师的爱成为学生值得回味的生活细节的时候，学生才能感觉得到来自老师的爱是真实存在的。"

比如，鼓励老师面带微笑走进教室，面带微笑给学生谈话、上课，课堂上应该有笑声；学生犯错了，不能简单粗暴地训话了事；不居高临下，盛气凌人，要求学生这样做那样做……"刚的教育眼前效果很快，但只是表面上的，是一种屈服的、顺从的教育，而不是认同的教育。学生即使表面上在听，内心也不会服气，与教师的心理距离会越来越大，甚至会对教师产生反感。"

苏联著名教育家、心理学家赞可夫说：儿童对于教师给他们的好感，反应是很灵敏的，他们是会用爱来报答教师的爱的。学生得到教师的爱，会将其转化为学习的动力，增强信心，健康成长，从而也会热爱和尊敬教师，使教师的威信大大提高。

蒋校长心里一直铭记着叶圣陶先生的一句名言：教育是农业而不是工业。"工业是把原料按照规定的工序，制造成为符合设计的产品。工业原料没有生命，就像泥人师傅用模子按泥团一样，做出的泥人都是一模一样的。可是学生绝不是无生命的泥团，学生是有生命的种子。所谓办教育，最主要的就是给受教育者提供充分的合适条件，让受教育者自己发育自己成长。从这个角度来说，教育是传统农业的精耕细作。精耕细作就是要根据不同作物的生长规律，创造优越的环境条件，用一颗能关注和关爱生命的期待之心，不断地满足它、顺应它、引导它、发展它，作物才能茁壮成长，即使矮苗，瘦苗也不放弃，精心呵护。"

接下来，蒋校长还会利用洲泉实验小学优异的硬件配置，搭建同步课堂平台。"目前很多山区学校不缺硬件条件，能做直播课堂，否则我们也互动不起来。但他们缺软件、理念、老师的教学，这些不可能靠某个企业赞助，一下子解决。"

有句话说得好，见识比知识更重要。很多时候，人最终的发展——能走到多远，飞得多高，取决于人的见识。缺少有见识有眼界的专业教师，这是山区教育发展的软肋，也是山区教育的短板。同步课堂平台的建立能最大限度实现优质教育资源的共享，不同学校、不同地域的师生可以同步学习、互动，共享优质师资资源，弥补山区学校师资不足的缺憾，真正实现城乡均衡化发展。

随着教育改革的深化，小学办学自主权不断增加，在赋予小学校长自主办学更多权力的同时,也要求小学校长要有自己的办学理念,因此对学校的办学理论和发展策划就成了小学校长的重要职责。近年来,洲泉实验小学受益于先进办学理念的构建思路,逐渐办出了特色,办成了品牌,先后被评为嘉兴市文明单位、嘉兴市绿色学校、四星级学校、5A级平安校园,2019年被授予桐乡市义务教育发展性评价教育质量奖(金凤凰)金奖,在桐乡市其教学质量属于第一梯队。

第二节　村委 + 乡贤 = 实现村事民治

2017年，发源于桐乡的"自治、法治、德治"基层治理创新被写入党的十九大报告，为全国提供了一个生动的基层社会治理样本。通过"三治融合"，自治、法治、德治不再"单兵作战"，而是"联合出击"，从政府单向管理向政府主导、社会多元主体协商共治转变，从以行政管理为主要手段向行政、法律、道德手段综合运用转变，有效预防和减少社会矛盾，从而很好地回答了乡村治理中"谁来治""怎么治""治什么"的问题，"治"出了社会活力，"治"出了和谐有序。

三治融合在东田村的生动实践，可以用这样一个公式来概括：村两委 + 乡贤 = 实现村事民治。

永远的家乡情结

"乡贤"一词，在《汉语大词典》里的解释是这样的：品格学问皆为乡人所推重的人。明朝首辅蒋冕将乡贤定义为：生于其乡，而众人共称其贤者,是为乡贤。嘉靖十三年(1534年),官方给出的定义是:生于其地,而有德业学行著于世者,谓之乡贤。由此形成了乡贤文化,它为中国社会的稳定、中华文明的传承起到了重要的作用,集中体现在建设乡村、改善民生、谋利桑梓等方面的群体追求和故乡情怀。

著名文化学者张颐武曾撰文指出:现代社会存在两种乡贤,一种是"在场"的乡贤,另一种是"不在场"的乡贤。"有的乡贤扎根本土,把现代价值观传递给村民。还有一种乡贤出去奋斗,有了成就再回馈乡里;他们可能人不在当地,但由于通讯和交通便利,可以通过各种方式关心和支持家乡发展,他们的思想观念、知识和财富都能影响家乡。"

通过乡贤助力美丽乡村建设,在东田村并不是新鲜事。

著名育种专家、原江苏省农业厅厅长、原江苏省人大常委会副主任俞敬忠,是从东田村走出的第一个大学生。1961年他从南京农学院毕业,因为家庭出身问题被分配到了苏北泗阳县棉花原种场当农技员。原种场是靠好种子吃饭的,育种是优中选优、沙里淘金的事情,在基层有的是土地和劳动力,动辄几十亩上百亩的选种库比科研单位的那点试验田要大得多。他一天到晚都泡在田里,埋头干、拼命干、大胆干。职工和农民都喜欢这个一心要搞出良种的年轻人。后来,他研究的泗棉一号等成果逐渐打出了名气,农业部还在泗阳办过学习班,由他现场授课,新疆还把他的讲义翻译成维吾尔文进行推广。做出成绩后的俞敬忠,给东田

的父老乡亲们添置了一艘水泥挂桨船。在水乡，船是很实用的工具。这艘船，可比原来村里的农船行速快多了，每小时能达到二十公里，相当于今天的一辆豪车。老一辈的东田人聚坐喝茶聊天，聊到当年足佳皮鞋，就会聊到这艘船。当年，正是这艘挂桨船，"突突突"地载着十六名东田儿女，风里去，浪里回，远走吴江学得制鞋的一技之长，既带动全村走上致富之路，也改变了他们每一个的人生历程。

这艘挂桨船，是乡贤反哺家乡的第一份厚礼。此后，由于东田村是最早一批走上致富之路的行政村之一，可以说是"小康先行者"，除了俞敬忠这样的大知识分子，村里的能人掰着手指头也数不过来了。这些人里，有的人脉资源丰富，有的事业发展成功，有的具备社会影响，他们纷纷利用自身资源，有效推动了村庄发展和村民致富。"乡贤助村""乡贤治村"已经成为东田村基层治理工作中的一大亮点。"有钱出钱、有力出力"，更是乡贤们齐心协力共建美好家乡的真实写照。

年轻的东田村党委书记费荣平提起这些乡贤，满脸都是笑："他们大多是从农村走出去的企业家，对家乡非常有感情，社会责任感都很强。"村口欧式风格的洲泉实验小学是乡贤沈玉兴献给孩子们的温暖爱心。此外，这位嘉兴地产行业最具影响力人物还为村庄的发展出谋划策。在他的影响和带动下，东田村东湖景区的文昌阁、丞相府等旅游项目，相继建设完成。这些低效闲置资源的不断激活，给东田村的旅游发展带来了新的动能。

爱屋及乌，由东田村扩及洲泉镇，沈玉兴还投入建设了小商品城、威尼斯大酒店等基础设施。2020年9月底，洲泉镇党委政府发出一封诚意十足的《捐资兴教倡议书》，号召洲泉社会各界积极为洲泉中心小学迁建项目的顺利建设捐资出力。看到倡议书后，沈玉兴很快便联系上了洲泉镇党委政府，提出认捐爱心款五百八十八万元。在他看来，重视教育就是重视未来，支持教育就是支持家乡。

如今，在沈玉兴这样的乡贤的发动和引领下，东田村的村民相继走上了致富之路，成了周边村民羡慕的富裕村。村里的道路提升、景观建设、文化设施等，也都有乡贤们的参与。坚实的经济基础给养着这一方水土，东田老百姓享受到了经济发展给他们带来的日益舒适的生活环境。

2018年，村里正式成立了"乡贤理事会"。村民委员朱超晴过去是东田村的文化专管员，她对自己参与邀请的这三十一位乡贤记忆犹新。"像佳源集团董事长、原青石乡党委书记沈玉兴；之江商学院执行院长、浙商杂志创始人朱仁华；北京哈瑞斯商贸发展有限公司总经理沈楚鹤；浙江华腾牧业有限公司董事长、总经理沈建平；影上书房创始人王新妹……都是些名人、忙人，他们愿意加入乡贤理事会，就已经充分表达了对家乡的热爱，他们其实在村里一直发挥着积极作用，也是比较有威望的一些人。他们也愿意为我们的家乡建设出资出力。说实话，单单靠村里的集体收入，要支撑那么多的工程建设，是不太现实的。"

根植乡土、情系乡亲、反哺乡里的乡贤文化，始终根植在东田儿女们的内心深处。乡贤们或捐款捐物资助家乡建设，或以一技之长宣传家乡特色，或担任"村官"以其独到经验治理乡村……他们为村民们争取来许多实实在在的经济利益。如今村委但凡遇到重要的经济、工程建设项目，在开村协商协事会议的时候，都会向"乡贤理事会"汇报，听取他们的意见，"有些在我们看来有些吃力的基层工作，通过乡贤的牵线搭桥，问题往往能够迎刃而解。毕竟人多力量大，大家集思广益，能找到最好的处理办法。"

前些日子，为宣传村里建设的丞相府、东湖景区和南宋古街，乡贤们纷纷出力，"魅力东田，宰相故里"八个字见诸大小媒体，深入人心；乡贤们还借助浙江广电集团融媒体新闻中心的特别策划《小康村24小时》，通过二十四小时慢直播的方式，带领全国的网民们一起"云"游东田村，感受这里独特的乡村美景和商贸气息，体验村民们的小康生活。

乡贤理事会里，除了散落在全国各地的文化人、企业家，还有一些是留在本地、在村子里有威望的老党员、老干部、村民小组长们，热心村务的他们，遇到村里安装自来水、造桥、修路、建房等方面的项目，总是积极参与，出钱又出力。"乡贤的话很管用。"本来，在老百姓眼中，乡贤们就是群众民情民意的"知情者"，更是社会正能量的"传播者"。村里开展环境整治和垃圾分类活动时，也多亏乡贤们帮忙上门耐心劝导村民。

"村里只要有重大事宜，我们都会召开村民代表大会，他们也会帮着村委去向农户做宣传。"

此前村里为建赵汝愚纪念馆，有个拆迁征地工程，涉及的漾口组农户比较多，部分群众对发展农旅产业信任度不高，存在着抵触心理。从开始动员、签约，到拆迁，每次讨论，都汇聚着乡贤的力量。尤其在开展入户政策讲解、宣传发动、村民意愿排摸、正式签约等工作中，乡贤更是设身处地为村民着想，用村民喜闻乐见的方法做好政策宣传剖析，把政策讲明白、把利弊讲透彻、把道理讲清楚，让大家对政策听得进、信得过、看得清，从而消除疑虑，引领了全村"大团结"。

"有一部分农户是不愿意的，因为他们可能觉得赔偿的金额没到位，我们乡贤理事会里的老干部老党员，特别是妇女小组长、村民小组长，就帮我们做宣传，去跟农户协商，给他们详细讲清楚政策。希望他们能站在全局的角度上考虑。因为就算只有几家农户不同意，我们整个丞相府工程也是没有办法启动的，因为我们不能强制性地去拆人家的房子，最后都得是老百姓点头同意了，我们才能征用那块地，才能开始我们的经济建设。"

在乡贤们苦口婆心的上门宣讲后，村民们逐渐放下心理防线，开始认真了解政策，最终满怀期待地签约，等待美丽生活的到来。

如今，随着东湖水系沟通工程完工，丞相府、文昌阁等配套建筑相继落成，东田村正以农旅融合的新模式绽放别样精彩：从

路口牌坊到人工湖泊,再到湖边石桥、假山、湖心亭……一幅幅美丽乡村的意境入画而来,一个全新的旅游项目——东田村农旅特色小镇项目已经在这里悄然落地。

为了进一步放大乡贤的示范引领效应,为乡村振兴引得源头活水,村书记费荣平率领村干部们通过节日慰问、互通信息等形式与在外乡贤沟通联络,带动技术回流、人才回归,从而助力乡村发展。如今,乡贤们经常通过专题会议、个别访谈等方式,自发解决和协调村里各项相关事务,"村两委+乡贤,实现了村事民议、村事民办、村事民管,是基层党组织和村民自治组织相结合的有益探索。"

"古树高低屋,斜阳远近山。林梢烟似带,村外水如环。"这首清代诗人齐彦槐的《冲麓村居》也正是美丽东田的真实写照。水域环绕流淌,村道绿树成荫,民居错落有致……"这几年,东田村真的是变得越来越漂亮了。夏日傍晚的时候,绕着美丽的东湖走两圈,别提有多惬意了!现在,很多人都羡慕东田村民的生活。"

东田村越来越美丽了,而创建平安、整洁、文明、有序的美丽家园同样离不开一个安定有序的居住环境,平安社区建设是美丽家园创建的必然要求,民主法治建设则是平安建设的重要保障。只有营造出良好的法治环境,推动具有中国特色的现代法治文化在乡村的建设,提高农民生活文明程度,美丽乡村才能既体现发展之美,也释放文明之美。

2018年开始，村里就建立了由村党委书记任组长的法治村建设领导小组，制定了建设工作目标、任务，充分利用村民代表大会、村民骨干学法活动、宣传专栏、黑板报、电子显示屏等法治宣传阵地，对民主法治村建设、民主法治创建等方面的内容和有关的法律法规进行宣传。通过了村规民约、村自治章程，同时制定了东田村党总支党委工作制度、东田村村委会工作制度、东田村村干部决策责任追究制度、东田村二委联席会议制度、东田村印章使用管理制度、东田村村干部任期及离任审计制度。完善了村民代表会议制度，充分发挥好村民代表的作用。依法民主选举产生了三十八名能参政议政、作风正派、办事公道、有一定群众威信的村民代表，参与到民主管理公共事务中去。由村委会召集，每年至少召开两次村民代表会议，审议村财务预算与决算情况及村委会工作报告，决定村的发展规划、重大公益事业建设项目等与村民利益息息相关的重大事项。完善了村三委会联席会议制度，完善民主议事程序。健全了村务、财务管理与公开制度。建立了规范的村财务管理制度与村级财务预决算制度。建立村民主理财小组与民主监督小组，定期对村级项目的经营情况、财务收支情况进行审核，提出意见和建议。通过村务公开栏，定期、及时向全体村民进行村务财务公开，接受村民民主监督，一般每季度公开一次，重大事项随时公开。

这几年，随着村民学法等活动的开展，法治意识在村民中大

大提升。

东田村党委委员陈超在村里主要负责平安法制这一块工作,"主要就是矛盾纠纷调解。此外就是法制宣传、入户宣传,通过这些活动普及法律知识,让更多的人懂法、学法、守法。人一旦知法了,犯罪率肯定就下降了。"

俗话说"清官难断家务事",在农村,矛盾纠纷集中在婚姻家庭、民间借贷等领域,更多是情理与法理的博弈,陈超特别注重在情理与法理之间寻找结合点,充分包容和尊重当事人意愿,他的调解四法实施起来颇有成效。一是细节突破法。针对部分村民法律意识相对淡薄,为了利益隐瞒部分事实的情况,他仔细调研,在掌握事实的基础上,突破当事人的心理防线,从而促成调解。二是案例引导法。针对那些有一定文化和法律知识、较明事理的村民,就通过展示类似案例的方法,引导当事人和解。第三是缓和冷却法。针对那些情绪激动的村民,设置一个冷静期,待双方冷静后再行调解。第四是情理交融法。对于感情纠纷,以情动人、以理服人,促成双方和解。

在之前的推进垃圾分类工作中,陈超也总结出经验——只靠"管"不行,要靠大家"治"。为此,村党委在书记费荣平带领下,紧紧围绕绿色发展环保理念,将传统文化融入日常垃圾分类宣传中,不靠"强制",而是靠"德治""法治""自治"的"三治融合",让垃圾分类工作在"治"的过程中形成"东田习惯"。

首先是"德治"先行。将垃圾分类纳入党建引领治理的大氛围中，汇聚工作"合力"，建立了"1+N"联动机制。其中，"1"指党组织做好"一个统筹"，"N"指协调多方力量。村里的垃圾桶站每个都分别配备了分拣员、保洁员、文明引导员，实行"人看桶"战术。每天扔垃圾时间，垃圾桶站旁边总有小组长等专人引导村民精准投放，学会"垃圾分类"。

为了广泛宣传垃圾分类知识，由党员践行垃圾分类，为分类垃圾、投放垃圾提供榜样参考。同时，通过党建引领"新时尚"，充分发挥在职党员先锋模范作用，大家深入家庭与商铺之中宣传垃圾分类，"其实，在农村实行垃圾分类挺难的，我们只能多去宣传，一次一次说。"苦口婆心中，好习惯逐渐在村民身边形成风尚。

其次是"法治"保障。在进行垃圾分类相关宣传时，村里还成立了"法治"顾问团，请民警通过案例来分析垃圾分类的"涉法成本"，"管""治"结合破解垃圾分类难题。

最后是"自治"贴民。通过村里的微信公众号、居民群、在职党员群等推送垃圾分类知识，引导村里的党员群众积极参与到垃圾分类行动中，不断提高村民自觉爱护环境卫生的意识，养成垃圾分类的好习惯。

东田村的垃圾分类"三治融合"的推进过程，是村民们形成"习惯"的过程，更是让健康温暖传递下去的过程。

"慢慢地，村民们养成了垃圾分类的习惯，垃圾分类投放的正确率也在慢慢提高。"

东田村的法治建设,不仅创造了良好的社会环境和投资环境,维护了一方平安,还有力推动着全村各项社会事业全面进步,促进着东田村面貌日新月异。

仓廪实而知礼节。2020年发生的新冠肺炎疫情就是一场大考,其乐融融的春节遇上来势汹汹的新冠肺炎疫情,检验着干部政治品质和能力作风的成色。党委书记费荣平那段日子经常挂在嘴边的一句话是,"我在东田村长大,这里的村民都是我的亲人,作为村干部,我有责任保护好我的亲人。"朴实的话语蕴含着他对乡亲们的深情厚意。大年初二,村里就动员共建单位、党员、辖区热心村民,积极参与到防控工作中来,众志成城、同心同力,共同奋战在疫情防控的第一线,构筑起一座坚实的防疫战斗堡垒。当时确认报名参加疫情防控的志愿者有四十八人,其中党员二十六人。还有很多党员打电话预定"先锋岗"。由于疫情发生突然,村里的很多人家里没有配备口罩等防护用品,也没有条件出门购买。这些志愿者有的捐款,有的利用个人关系四处联系,购买来口罩、消毒液等防护用品后捐赠给村里。还有些匿名的好心人,每天给岗亭工作人员送饭、送水,感动了所有东田人。

为了加强村里的防控工作,村里的党员干部们白天在各村民组进行宣传检查,一天下来,水顾不上喝、饭顾不上吃,一遍遍重复说着同样的事,嗓子累得也有些嘶哑。但看着外出的村民个个佩戴起了口罩,之前想聚集在一起消遣娱乐的人也都散了,大家都觉得很安慰：一天的宣讲总算没有白费。夜晚下班后他们还经常开着车巡逻。真诚的工作换来了东田村群众的平安，用实际行动诠释了共产党员守土尽责的初心和使命。这一切都见证了东田人的村庄集体情怀和村风文明的进步，为齐心协力打赢防疫阻击战做出了不可磨灭的贡献。

第三节　艺术让乡村更美丽

党的十九大提出实施乡村振兴战略。乡村振兴总目标是农业农村现代化，要实现农业强、农村美、农民富；要在推动乡村全面振兴中，把艺术和乡村融合起来，建设富有诗情画意、各美其美的美丽乡村；要让美丽乡村成为现代化强国的标志，成为美丽中国的底色。

艺术是人的精神需要。当生理、安全、社交、尊重等基本需要满足以后，人们就会产生自我实现的需要，包括审美的需要，这是人区别于动物的最重要的方面。

乡村艺术化应当在真善美的统一之中，去展示乡村的自然之美、生活之美、心灵之美。

乡村艺术化不是由外面植入的，它应该是从乡村自身"长出来"的。

乡村艺术化是要用艺术来"化"乡村，以此增加农民的幸福感，满足农民的多样化需要，为美丽中国增光添彩。

一、村民玩起来，村子富起来，生活美起来

历经了多少寒霜和酷暑

走出一条属于自己的路

智慧培育的足佳鞋城

像一棵树枝繁叶茂在成熟

智慧培育的足佳鞋城

枝繁叶茂在成熟

啊

东田东田

你是美丽新农村

百业兴旺世人瞩目

啊

东田东田

你站在那潮头

骄人业绩喷涌而出

骄人业绩喷涌而出

走过了多少风吹和雨打

捧出一颗绚丽璀璨的明珠

文明创新的和谐之村

像一团火熊熊点燃这热土
文明创新的和谐之村
熊熊点燃这热土
啊
东田东田
你是富饶好江南
走在前列中国速度
啊
东田东田
你高歌猛进
激情飞扬青春永驻
激情飞扬青春永驻

2008年3月的一天,在东田村的会议室里,音响传出悠扬的乐声,村里十多个年轻人手捧乐谱,认真地跟着旋律吟唱起来。

这首歌就是刚刚创作完成的《东田村之歌》。

随着足佳鞋业市场的建立和投入运行把村民带上共同致富的道路后,时任村党支部书记的费金伦又开始带大家搞起了新农村建设,一幢幢别墅式的豪华住宅拔地而起,村庄整治让农村变得和城里一样漂亮,东田村不仅成为浙北地区乃至长三角最大的鞋业批发市场,更是集新农村示范村、浙江省首届魅力新农村等头衔于一身。

"如今农民生活水平提高了，腰包渐渐鼓了。可人变富裕了，思想也容易变，经济富裕的同时，更要注重精神的富足。"费金伦又开始琢磨，怎么才能让村民们的精神生活也跟物质生活一样日益丰富，幸福指数节节攀升。他先是着手在村里建起了图书阅览室，这下，村里的孩子们多了个学习的去处。接着，他又产生了创作村歌的想法，他对村歌的要求是：一要符合新农村建设的大背景，具有时代特征；二要体现东田村的精神内涵。"东田村几十年来大起大落再大起，东田人坚毅顽强的性格一直支撑着东田村的发展。"三要旋律优美流畅。

历时两年，村歌终于完成创作。小样完成后上报镇政府，又组织了一些社会人士讨论修改。镇政府和村委会的工作人员听完母带后，觉得这就是他们想象中的村歌。全歌虽只有短短二十句，但几年来东田村的成就都融入其中，曲调更是激昂奋进。

村歌出来了，还需村民唱。2008年年初，由浙江电视台牵线，一名曾在全国青年歌手大奖赛上获金奖的女歌手诠释了这首《东田村之歌》。跟着录音带，村里三十多位年轻人率先学唱村歌。而村里不少年纪大的村民听说有了自己的村歌，也是跃跃欲试，让学了歌的年轻人教他们唱。

在很多人的概念中，村歌所唱的不外乎是"家乡好""家乡美"，其实，村歌本是富有诗意与情怀的，是村民用歌声抒发的对家乡和美好生活的赞美。《东田村之歌》成了东田村的一张名片。这样的活动又进一步丰富了村民们的文化生活，增强了大家的凝

聚力和向心力。

也是在这一年,在乡贤们的帮助下,东田村委投资八百万,建成占地六千平方米的村文化活动中心——东田文化苑;2013年又建设了村级文化大礼堂。这是浙江省第一批功能齐全的文化礼堂之一,风格现代简约,由东田荣誉厅、东田的故事厅、春泥计划活动室、居家养老服务中心、农家书屋、文化茶馆、文化大讲堂、排练厅以及室外舞台、体育活动设施等综合而成,是一个集礼堂、讲堂、居家养老、文体活动场所于一体的村级文化阵地综合体。

"之前村里几乎没有像样的活动场地,村民上完班回来,就坐在家门口聊天或者沿着马路散步。"有了对村民免费开放的大礼堂,村里的文艺氛围顿时活跃起来。每天晚上吃完饭,这儿就成了村里仅次于夜市的最热闹的地方,很多村民会在这里打球、跳舞。

"礼堂建设是第一步,并不只是造一幢房子,关键是要用起来,让村民愿意来,来了有收获,来了还想来。"基于这一层考虑,依托文化礼堂,费金伦带领年轻的村委委员们,开展起了乡风乡愁、礼仪礼节、家德家风、文化文艺等多场活动,由此诞生了村级业余腰鼓队。腰鼓是一个喜气洋洋的娱乐表演项目,也是一项趣味十足的健身活动。"咚锵,咚锵,咚咚锵!"很多退休在家的中老年人都热衷参加这支腰鼓队的活动,腰里系上红绸,不停变换着队形的同时热情洋溢地敲打起锣鼓,这让更多村里的老年人收获了健康与快乐。每次为村里义务演出,都受到热烈的欢迎。

到了夏季,村里会举办活动形式多样、内容丰富多彩的纳凉晚会。舞蹈、小品、戏剧,一样都不少,赢得了在场观众的阵阵掌声。秋季则是有东田特色的皮鞋走秀活动,模特们展示的一双双光彩夺目的新款鞋子,从设计到制造,全部出自东田村人之手。作为全国排名第四的专业鞋类生产基地,东田村就像台上模特们优美的脚步,步履不停。看着舞台下黑压压的都是人,村民一家亲的和谐景象展现眼前,费金伦微笑了。

不过,让村民们精神生活丰富的工作永无止境。村民们还缺什么?这是费金伦一直在思考的问题。"现在村上环境好了,村民收入增加了,生活越过越好,怎样才能在丰富村民业余生活的同时,还能对村上的党建工作有很大促进?"他想到了电影放映。

于是,逢到重要的国家纪念日,村里就会邀请放映队来放精心挑选的爱国主义教育片。一块幕布、一台放映机、一对音响。夜幕刚刚降临,银幕前已坐满了人,一些腿脚不好的老人还早早让孩子搬着板凳为自己"占座"。早早吃过晚饭的村民们说说笑笑进场,孩子们则边跑边喊。随着电影画面一帧帧缓缓映入眼帘,精彩剧情吸引着越来越多的村民……他们时而会心微笑,时而相互交流,富有感染力的故事情节牵动着他们的情绪。影片放映过程中,放映队还充分利用影片播放前和中间休息的时间,插播精心挑选的弘扬正能量、传递好声音的视频党课,及时直观地将党的好政策、新变化展现给村民，引导村民确立正确的道德判断和价值标准，传播革命精神和社会正能量，倡导社会主义和谐文明新风尚，让党员和村民们在轻松活跃的氛围中接受爱国教育，使大家更加珍惜今天来之不易的幸福生活。

两个小时的时间飞逝而过，虽然电影放映已经结束，但村民们依然兴奋地探讨着其中的剧情，期待着下一次的文化大餐，久久不愿离去。有村民表示，以这样的形式观看爱国主题电影，使人不禁想起了小时候村里放露天电影的热闹情景。"当时观看的是《地道战》《地雷战》这样战争题材的电影，现在大家住进楼房里，在手机上都能看电影了，反而人与人的沟通交流不如以前密切了，希望村里多举办这样的活动，让大家多聚聚。"

随着生活质量的提高，村民们对健康的需求越来越强烈，为了提高村民的健康意识，普及健康知识，传播健康理念，创造健康的生活环境，促进东田村精神文明的建设，村里还经常邀请洲泉镇卫生院的医师，在文化礼堂多媒体教室里开展老年人健康知识讲座。

医师们都用老百姓听得懂的语言，围绕着"百姓开门七件事，柴米油盐酱醋茶"，讲解和老年人有关的健康知识以及合理膳食与食品安全的知识。比如讲血脂对心血管的危害，"人年纪大了，吸收能力差，肥肉吃多了，一部分通过大便排出来，一部分被血管吸收。血管吸收的又有一部分参与身体的正常运行，另一部分则会沉积在血管壁上，沉积得多了，血管就要堵塞，心血管毛病就发作了。这个道理与家里的下水管道一样，头发等杂物多了会导致排水不通畅！肥肉吃多了，血管也会被血脂堵住！"没有什么高深的诸如血脂斑块的形成、脱落、栓塞等医学术语，老人们都能听懂，频频点头，更加明白了日常生活中的饮食科学小道理和养生大智慧。

负责这类基层文化宣传工作的朱超晴对此已经很有心得："邀请专家很有门道，在基层开展健康教育课，专家也要因地制宜，讲课一定要接地气，内容讲解一定要与听课对象的文化层次相匹配。否则讲得太专业，对老百姓来讲好像听天书一样，太难懂，他们听着听着就会开始聊天，中途还会有人直接走掉。所以我们都要求专家一定要把理论转化为老百姓听得懂的语言，那样才能有效果。否则讲课的不开心，听课的没听懂，更重要的是健康教育没有发挥应有的作用。"

在所有这些文化体育活动中，始于 2007 年、会在每年正月举办的热热闹闹的"新春越剧汇演"，至今已经持续十多年，累计参与人数近四十万人次，成了东田村的著名文化品牌。

虽然演出会从年初一一直上演到年初四，每日有下午场和傍晚场两场，精彩好戏轮番上演，但每天早早的，还没到演出时间，村民们就已闻讯而来，尤其老一辈的村民，基本都是老戏迷。有的不仅年年自己来看，还把家里年轻一代也带上了，戏台前的前八排"VIP 座位"都被这些兴奋地前来占位的村民们承包了，人声鼎沸、热闹非凡、其乐融融，一片喜悦和谐的节日气

氛。也有捧着茶壶姗姗来迟的村民,只好围着舞台周围"伺机"寻找好位置。人最多的时候要属大年初一那天,观众就有五百多人,可谓里三层外三层,曾经担任过村里文化专管员的朱超晴连连感慨,"连周边的道路都挤满了人!"

"来来来,跟我坐,这个位置好!""昨天落雨,你也来看了?"村里的老老少少挤在凳子上,脸上个个洋溢着幸福的微笑,满怀期待地盯着戏台子。

在乡贤们的赞助下,来东田村演出的都是数一数二的专业戏剧团。越剧开场后,抑扬顿挫的唱腔,优美华丽的身段,清新亮丽的扮相,精美鲜艳的服饰,既给新年增添了新气象,更为村民们献上了听觉和视觉的双重文化大餐。《梁山伯与祝英台》《五女拜寿》《碧玉簪》《满堂红》《金龙鞭》《绣球缘》《三仙炉》《李国太回朝》……台上,长袖轻舞,古韵戏腔,表演者倾情演绎;台下,观众们认认真真地看着,看得尽兴时,还跟着轻轻哼唱几句,并不时报以热烈的掌声。喝彩声、欢呼声,此起彼伏。

"政府倡导,乡贤赞助,是东田村春节文艺汇演好戏连场、精彩不断的主因所在。"朱超晴介绍道,"乡贤们都很有情怀,都是自发地提前联系村里,都很愿意赞助村里的文艺演出。"这个东田村过大年的保留节目,让村民们在新春佳节都过足了戏瘾,也是许多老人一年中最美的期待。"看来看去,始终还是我们东田村顶好……"已经定居湖州多年的陈明寿由衷感叹道,虽然已经年近七十,每年春节他都会回村里看看。"我最大的感受是,这几年村里的文化氛围越来越浓，这样的文化活动对于我们村民来说早已不再陌生，家门口看戏已经是大家习以为常的春节娱乐活动了！再一个就是环境越来越美了，走在村里，真是一路好风光。"

村里的文艺活动非常多，通过这些活动，村民的生活充实了、心拉近了，很多积怨矛盾在无形中得到化解。这其中，除了老书记费金伦的一片良苦用心，还有年轻的九〇后文化专管员朱超晴的努力与心血。

朱超晴是从桐乡东边的村子嫁到西边的东田来的，在她看来，两个村子的最直观差别是富裕程度。"东田这边的经济比我自己老家那边要好，这边买碗面十五块钱，我那边可能就只要十二块钱。"嫁到东田后，她先在化纤厂工作了一年，备孕后担心化学物质对胎儿会有影响，就辞了职。2015 年，东田村第一次招文化专管员，那时她的孩子已经快上幼儿园了，村委干事得知她之前学习过模特表演，爱唱爱跳，有一定的文艺基础和活动组织能力，就打电话问她有没有这方面的工作意向。

"真是机缘巧合，我当时就想找份自己喜欢的工作，立刻答应了。"10 月，朱超晴正式上岗，就她一个人，没有师父，边学边干。"入职那会，一年快到头了，没搞什么活动；2016 年算是正式工作的第一年，整个懵懂状态，也不知道要干嘛；2017 年，稍微熟能生巧一点。"2016 年底，朱超晴自己注册了一个账号，开始正式运营东田村的微信公众号，并坚持至今。"每次组织活动前发

预告，活动结束了发下介绍稿。"刚开始，关注公众号的人不是很多，后来每组织一次活动，她就把事先准备好的打印在纸上的二维码拿出来，让大家扫一下；还通过小组长会议，让小组长们把二维码带去组里家庭，"每个家庭留在当地的至少有一两个人，那就相当于全覆盖了。"

再后来就顺利多了。"要组织什么活动，每个家庭都能看到，报不报名自愿。"朱超晴策划过许多活动。比如为了丰富青少年的假期生活，组织过他们开展"巧手包馄饨"的体验活动。"我们会提前准备好馅料、馄饨皮等材料。活动最后，就把孩子们自己亲手包的馄饨煮熟了给他们吃，孩子们个个吃得很开心。"到了端午节则是包粽子，这样的体验活动，不仅让孩子们学到了传统美食的制作方法，锻炼了动手能力，同时也让他们体验到了生活的乐趣。

为了加强青少年法制教育，进一步提高青少年学法用法的意识和能力，促进身心健康成长，朱超晴还举办过多场法制教育讲座，特别邀请知名律师事务所的律师通过一个个活生生的案例为同学们授课。"现在校园暴力、校园欺凌、青少年犯罪情况不少见，要让学生知道，恃强凌弱、以大欺小、威逼利诱等等都是不良现象，他们需要明白什么是正当防卫，什么是抢劫、抢夺，什么是哥们儿义气……"

通过寓教于乐的法制教育宣传方式，不仅教导了村里的青少年如何学法、懂法、守法、用法，更使同学们在轻松愉快的气氛中学到了法律知识。

放眼整个洲泉镇,东田村的活动之丰富,数一数二。"文化专管员,就是管活动的。国庆节临近了,就要策划升国旗、庆祝晚会;新年村里也要准备'村晚'……"东田村的"我们的村晚"文艺晚会,是朱超晴一手策划的,第一届于2018年举行。整台晚会以文化礼堂为依托,演出节目全部由村民自己参演,主要突出"年味""乡土味""文化味"。红红火火的"村晚",让村民的亲情味儿浓了,才艺见长了,眼界也拓宽了。2019年的第二届,朱超晴给"村晚"加入了表彰环节。"最美家庭、最美环卫工、最美党员……请了村党委书记和镇里的领导上台表彰,台下看的都是自己家人、左邻右舍,会产生一种荣誉感。"

2017年至今,除了2020年受到疫情影响,每一年,东田村举办活动将近五十场,差不多一周一场。所有的传统节庆日、寒暑假,配合"春泥计划",邀请专业指导老师,主要为孩子们"量身定制"了一系列课程,除音乐、美术、书法等传统课程外,还有手工剪纸、消防演练、自我防护、急救培训等实践活动("春泥计划"是浙江省委省政府在浙江全省推广开展的一项工作。是以农村行政村为单位,依托现有各类场所,集聚整合社会力量和资源,在中小学寒暑假、传统节日和双休日等校外时间,组织引导农村未成年人开展的实践体验活动)。丰富多彩的内容,进一步增强了孩子们的自信心,开拓了他们的视野,提高了他们沟通、交流和合作的能力。

过去,东田人的娱乐是大人打麻将,小孩打游戏,如今村里

活动多了,他们自然而然加入了集体。"现在,要是有段时间没有活动,小朋友或他们的家长,就会在微信上问我了。"虽然辛苦,朱超晴却满脸都是笑。

"2015年加入这支队伍以来,我在组织各类活动中不断成长,也越来越喜欢这份工作。作为一名基层文化工作者,我热爱文艺,热爱文化事业,我也愿意扎根在这片我热爱的土地,把文化播进老百姓的心里。"在奔向幸福生活的路途上,正是每一位村级文化专职管理员的付出,才让文化的种子在基层生根发芽、开花结果。只有像朱超晴这样的文化专管员,在基层文化阵地管理、文化队伍组建、文化活动开展上尽心尽责,成为百姓的"文化管家",才能真正让村民们身有所憩、心有所寄。

乡村振兴,文化先行。基层文化事业的繁荣与发展需要专业的人做专业的事。今年五十四岁的沈杏林是东田村人,长长的艺术履历来自他多年的潜心作画。他笔名秋石,号东田山房,现为中国国家画院郭石夫工作室画家、中国书画研究院院士、中国书画家协会理事。作品曾多次发表于《美术报》等专业报刊,入编《中国青年美术家作品集》《中国书画珍藏大典》等书画类典籍。国画作品在"纪念辛亥革命一百周年"入展;曾荣获"翰墨颂中华""民族情"全国书画艺术大赛金奖,全国书法美术大赛"金鼎奖"金奖。2016年5月赴美国参加硅谷美术馆举办的《当代墨韵美国行》作品展,2017年7月在钱君匋艺术院举办了《心游》马啸、沈杏林书画联展。

"小时候在破破的尼姑庵里读书,桌子椅子都要自己带的,但我那时就迷上了画画。"他对艺术的兴趣是自发的,"那时候没人教我,完全是天生的爱好"。一开始是用泥巴、瓦片,在墙上、泥地上涂涂画画。画过村里的鸡鸭,也画过村前的田野。最爱上美术课,临摹能力那时已经初见端倪,经常帮班里办黑板报、壁报,写美术字等等。尽管是自学,但他却有很好的悟性,到了中学阶段,他的画在当地已是小有名气。

后来当了兵,繁忙的执勤训练之余,他利用晚上时间写生,画速写,平时只要有时间,他就练习画画。偶然一次出墙报的机会,他的画画特长被发现,他被调去政治部从事文艺创作。他从小就喜欢吴昌硕的画,喜欢其浓重的用墨,大胆的设色。当时部队津贴每月九元,1992年6月,他花去一年津贴费,拥有了平生第一本《吴昌硕画集》,在反复临摹中,逐渐领悟其富于变化的笔法和墨法。原来哪怕是一朵花,也可以从正面、侧面、静态、动态不同角度去表现,画出丰富意蕴,万千气象。

十四年的军旅生涯,铸就了他刚毅坚定的性格,同时又有艺术家浪漫豪爽的气质,这使得他的国画作品,清丽淡雅之中亦有古拙苍润韵致。心性所致,他尤其钟爱王成喜先生笔下的梅花,古人画梅,往往强调梅的高洁、雅逸和孤傲不凡,因此以稀、以少、以瘦为美,表达孤芳自赏的情感。王成喜先生笔下的梅花却以繁花似锦、浓艳瑰丽为美,很能反映我国改革开放生机勃勃的景象和人民昂扬向上的精神面貌。他临摹多年其画梅技法,对

"气盛、意浓、笔新、情沛"这八字特点渐渐有了心得。

退伍后他进过企业,经过商,但从未放弃过绘画。"画画是我终生的爱好,我之所以没有靠画画养家糊口,就是想保持艺术的纯粹性。"听说桐乡有位印学大家袁道厚,他就找机会去先生家向先生请教和交流。欣赏他的收藏,聆听他对篆刻及书画艺术的精辟见解,请教于他。袁先生看他虚心好学,喜爱刻字,便也把他当成自己的学生,毫无保留地将自己所知道、所积累的经验传授给他,悉心指导。袁道厚的书法以篆书为主,大篆小篆互相结合,使得原本严谨端庄的篆书变得富有动感,这深深启发了沈杏林。尤其袁先生的为人,更如其名,是"在于道,在于厚",言传身教,身行一例,胜似千言。在村民们的眼里心中,沈杏林也是一个厚道的人,老老实实,脚踏实地,不务空言,向他求字求画从不会空手而归。袁先生后来还专门写过文章肯定沈杏林的艺术造诣,全文洋溢着鞭策鼓励之情,足可以看出对他的赏识。

在袁先生的教导下,沈杏林既练了眼力和手功,也开拓了艺术视野。学海无涯,艺无止境,2013年他去北京学画,得以拜在著名花鸟画家郭石夫先生门下。郭石夫是吴昌硕、齐白石、潘天寿、李苦禅之后我国民族传统大写意画派代表性画家之一。同样是梅兰竹菊,在郭先生笔下所表现出来的情致、气息和韵味完全不同,尤其气骨霸悍刚硬。郭先生有句名言:画要有正大之气。这暗合沈杏林的军旅经历。"平时我性情温和,一到画画就很放得开,适合大写意的路子,画太小、太精致的东西,总是感觉不痛快。"

除了受教于这两位老师之外，何水法、刘继红、张艺华等名家对他的影响也很大。如今沈杏林也在以自己日益成熟的笔墨语汇，传承老师豪雄苍拙的艺术风神。他喜欢花鸟题材，梅兰竹菊的大写意画有传承、有古韵，笔墨厚重，意境饱满。

因为发自内心景仰一代宗师吴昌硕，他把吴先生当成祖师爷，吴昌硕的墓在余杭超山宋梅旁边不远处，沈杏林每年都去超山扫墓，纪念这位集"诗、书、画、印"于一身的艺术大师。

如今沈杏林除了研习画画，还操心起了村里的文化事业。在他看来，乡村振兴，没有文化是支撑不住的，没有文化，富裕是没有根基的。文化需要发展，艺术才有生命力。"现在农村富了，精神文明和文化生活还是很缺失的。经济高速发展了，我们怎样发展文化事业和文化产业？"作为当地最知名的画家，在老书记费金伦的支持下，他先是将自己的工作室搬进了赵汝愚纪念馆，馆里不办展览时，就在馆中挂上漂亮的书画作品，让村民免费观看，了解中国文化，品味笔墨清香，提高审美能力，丰富业余生活。这小小的一个举措却成了提高村民文化艺术素养、培育新型多才多艺农民、发掘培养农村艺术人才、活跃群众文化生活的有效途径。他那墨香萦绕的画室也为村里许多书画爱好者提供了交流学习的机会，上至花甲老人，下至学龄少年，常有人前来叩问，学习书法绘画已成为村里的新风尚。

沈杏林没有满足于此，他一直在思考，怎样才能把东田村的文化提升到一个新的高度？2020年夏天，东田村的儿媳妇、知名

摄影师、影上书房创始人王新妹应费金伦书记邀请，回到东田村参观赵汝愚纪念馆，是沈杏林做的向导。"我就谋划，怎么一起合作，在东田村办个摄影展。"在他心中，如果说，绘画是加法的艺术，摄影就是减法的艺术。摄影是在四季交替的追逐中，在晨昏阴阳的变幻间，在世间百态的感悟前，有所取舍，将一瞬定格成永恒。于是就有了后来媒体争相报道的"小村办大展"文化新闻。2021年春节，他又配合王新妹给全村人拍全家福。在村里兜了一圈，发现大家门面素淡，团圆的喜庆感不浓郁，他邀请了七八个能写会画的，一起给每家写了一副春联和一个"福"字。他一个人就写了一百多副，每副内容还都不一样，整整写了两三天。

二、小村办大展：发展之路，影像见证

2021年1月1日上午10时，由桐乡市精神文明建设委员会办公室、桐乡市文化和广电旅游体育局、中共洲泉镇委员会、洲泉镇人民政府主办，东田村村民委员会、影上书房承办的《东田的度过》影像展，在桐乡市洲泉镇东田村赵汝愚纪念馆隆重开幕。

2021年，是中国共产党成立一百周年。百年中国，沧桑巨变，风云激荡。东田村，一个普通江南水乡古村的历史性变革，是浙江美丽乡村建设的一个代表，也是中华大地全面建成小康社会的一个缩影。小村庄，大展览。这东田村历史上的第一个展览，背后有着沈杏林和王新妹几个月的心血付出。"为迎接建党百

年献上了心仪之礼。以后我还要通过不同的艺术形式,来更深刻地挖掘东田文化。"

虽然从未做过策展人,但走过南闯过北的沈杏林很有策划眼光,他邀请来办展的王新妹早年就在东田村小康之路的起点——足佳皮鞋厂工作过,对"足佳"以及东田村都有着深厚的感情。答应下这个请求后,王新妹就带领着她的影上书房团队,开展了扎实的影像入户调查活动。她十几次回到东田村,一共走进四十一个家庭,收集到东田村历史老照片五百〇四张;收集十家单位的照片五百多张,共计一千余张照片。此外还走访了东田村许多从事过制鞋业的老人,采访新拍摄的照片加上精选老照片,展览图像共计两百余张。

喝水不忘挖井人,树高千尺不忘根。王新妹始终觉得,东田村能有今天,离不开当年足佳皮鞋厂所打下的富裕基础,而足佳皮鞋厂的诞生,离不开四十多年前,上海工程师郑鹏路给东田村人指引的做皮鞋的出路。为此她还特意前往上海探望郑鹏路先生并邀请他参观展览,八十多岁的郑老先生因患帕金森综合征,身体大不如前,但他却将自己保存多年的1989年"足佳"庆祝公司成立十周年大会的实况录像带交给了王新妹,这段影像资料非常珍贵。展览上播出的视频是从中选取的最振奋人心的二十五分钟。当年的会场很拥挤,那些足佳皮鞋的创业者、风云人物,那时是那么年轻,穿着那么朴素,但每个人脸上的笑容都是发自内心的,那种兴奋昂扬的创业精神,透过模糊粗糙的画质,今天居

新年第一天,东田村以一场盛大的《东田的度过》摄影展为开端,拥抱新年第一缕晨光

美丽乡村的"东田样本"

王新妹在展览现场充满感情地担任起了讲解员

然还是能够感染打动我们。

此外王新妹及其团队还对中华人民共和国成立以来东田村八位书记中,至今仍健在的六位村支部书记:陈永泉、沈金海、钟子春、赵志忠、费金伦、费荣平,进行了录像采访。除了费金伦、费荣平两位书记,其他都是八十岁左右的老人,这也算是对村史的抢救性保护工作了。虽然播放采用的影像时长在半个小时左右,但实际采访的素材长达三个小时,为村里保留下一份很珍贵的村史资料。今天的年轻人也能从回忆当年的起伏发展中体会到,在最基层的行政村,党组织的领头羊作用是多么的重要。

展览以来自东田这片土地的照片、视频、装置、手绘、文献、实物等多重方式进行,通过悬挂的皮鞋、胜利纪念碑似的鞋盒墙等分割展陈空间,让以东田村村民为主的观众走进展厅时,感受到常态环境下的不同视觉体验,产生一种熟悉与陌生、亲密与疏离的互动、交织体验。此外三个展览区域,总共准备了五块电视屏,用视频资料讲述故事,也为这个展览增色不少。每一张照片从选片到喷绘,每一件实物从收集到展陈,王新妹事无巨细,一一把关,为东田的父老乡亲们献上了一道精神文化的盛宴。

展览开幕后,王新妹亲自上阵,给好奇观望的年轻人一一讲解。

"这些照片系统地反映了东田村从20世纪八九十年代乡镇鞋业企业崛起,从无到有一直发展到全省、全国有名,如何全面建设小康社会、建设美丽乡村的经历。

"这张照片很重要,从左到右依次是:沈玉兴、郑鹏路、俞敬民,他们是足佳皮鞋厂的核心人物。沈玉兴、俞敬民先后担任足佳鞋业公司总经理。当中这位就是郑鹏路,他一直是东田皮鞋产业的陪跑人,是他以睿智的眼光帮助穷困的东田村找到了正确的发展方向,是让我们东田村走进新时代的引路人,我们不能忘了这位上海爷叔。

"有了郑鹏路,还有一个重要人物也不能忘记,就是这位杜友庆,他是做鞋跟和鞋楦的,没有他,足佳皮鞋厂也是办不起来的,很关键,东田人是不可以忘记的。所以我办展时一定要给他放张照片。

"这张照片拍摄于1989年10月1日。这十六个人是足佳皮鞋厂的第一批工人。1979年,东田村就是派出这十六位村民去江苏吴江北厍学习制鞋技术的。当时村里没有条件,没有留下照片。这批人就像种子,每个人至少带出了几百个学徒。1989年,足佳皮鞋厂的鼎盛时期,为了庆祝厂子成立十周年,活动时厂里专门召集这十六名工人,戴上大红花,补拍了这张珍贵的照片。旁边这张'四十年后再相聚'的照片也是蛮有故事的。2020年年底,我们为了做这个展览,专门去找这十六个人,当时已经有三个人过世了,剩下的人,按照当年差不多的站位,在东湖公园拍下了这张照片。四十年前的大姑娘小伙子,现在都是老头老太太了,他们都很激动,感想也特别多。那天,我们还为这些足佳皮鞋厂的创始者拍了视频,让他们每人回忆当年自己在吴江学习的是哪一道工序。就像1978年冬天,安徽凤阳小岗村十八位农民在'大

包干'契约上按下红手印一样，中国的改革开放，还真是我们农民走出第一步的。

"这里面对面的两堵墙都是当年足佳皮鞋厂技术生产、经营管理的照片。对了，这张照片特别有意思，还是我着手设计的场景。那时我们'足佳'已经很厉害了，要上杂志上报纸，需要拍照片，我那个时候是办公室主任，就从厂里挑出几位漂亮的女工，穿上我们自己生产的皮鞋，摆拍了这张照片。这些鞋子现在看，都还很时尚吧？

"仅仅过了五年，外国人就来合作了，就有了蒙特佳。当时乡镇企业能做到'足佳'这么大规模，是了不得的。这张照片上的这位是澳大利亚的商人，旁边是来自香港的中文翻译，'足佳'举办成立十周年活动的时候他来发言，说他原来只知道意大利皮鞋好，到了'足佳'才知道足佳皮鞋也很好。这样的评价对一个农民鞋厂来说，是非常了不起的。所以这张照片是一定要放上来的。

"上海有个响当当的'老外贸'张兰生，是中华人民共和国成立以来第一位以个人名字命名的国有企业的领导人。上海兰生股份有限公司的前身是上海文体用品进出口公司，当时跟我们'足佳'做了一个合资厂，专门生产照片里这种有两个箭头图案的运动鞋。我记得这双鞋子从我们厂出去是一个美金，当时一美金应该是两块八毛几汇率。那时这种鞋是文体公司独家经营的出口商品，卖出去一打可以卖三十多美元。1999年我去巴西旅游，在一个很小的农村地摊上看到了这双鞋子，二十五美金一双。"

……

2021年1月4日，东田村的这首个摄影展上了中央电视台新闻联播频道。然而办展的过程其实并不容易，"农民自有一种自由散漫，"但她还是坚持了下来。理由只有一句："我觉得这个事情很重要。"

早在五年前，王新妹就开始有意识收集关于东田村皮鞋产业发展的历史老照片。"我还有更大的想法，但是我做不到。比如我们的展览里，从1949年到1978年，一张照片都没有，非常遗憾。目前跨度只有四十多年，还很单薄。"她也设想过，请一批画师进村，让老人来回忆口述，古早前，家门口是怎样的，河水往哪里流，村口是棵什么树……

她希望东田村的年轻人知道，东田的今天不是天上掉下来的，没有国家改革开放的好政策，没有上一辈东田人的艰苦奋斗，是不会有现在的好日子的。其实她在东田村只待了三年不到。"1982年嫁进来，1984年底就离开东田村去嘉兴了。"

1962年，王新妹出生在桐乡河山乡一户农家，但她从小就觉得，得有文化，"拿到一本小说书能看下去。"有了文化，才能走得更远，小到一个人，大到一个村子、一个民族、一个国家，都是如此。王家兄妹五个，她是老五，上面两个哥哥两个姐姐，连粮票、布票都不认识，她却坚持读完高中，是当时乡里仅有的两名女高中毕业生之一，她和"足佳"结缘也是因为曾经进厂担任过会计和办公室主任。而她此生最大的遗憾就是没能上大学，一直读到博士。

美丽乡村的"东田样本"

村就是景，景就是村，俯瞰下的美丽东田

就在前不久，王新妹还去找了华腾的董事长沈建平，想在他的观光旅游农庄"猪舍里"建一个田野里的艺术馆，想让艺术与东田村更紧密地结合在一起。

"华腾整片田间都将是我的展场，我相信到时候会给老百姓一点惊喜的。这里的村民中有不少人会是第一次进入艺术馆。为什么农民就不能享受最好的文化熏陶和艺术教育呢？田野需要艺术气息，艺术也需要田野的活力。"

如今，乡村经济的发展速度远远超过了乡村文化的建设速度。"不给他们看好的展览，是无法提升农民的文化修养和艺术修养的。"

确实，乡村艺术馆可以成为乡村美育的"新课堂"。过去提倡送文化下乡，但一个乡村艺术馆能让艺术在乡土田园中生根。"归根结底，我们所有的高楼大厦，金钱权力，最终都要回归到自然，回归到土地和人。"

王新妹坚信，和华腾合作的田野艺术馆建成后，因为是免费开放，"多多少少，这里的老百姓会喜欢上的。会从不习惯慢慢变成习惯；会慢慢走进去看看，就算不一定能看懂；会从原来的咳嗽一声马上随地吐痰，到拿张餐巾纸裹起来；会从裹好以后随手一扔，到知道要扔进垃圾桶里……哪怕他们只是每天路过艺术馆时多看几眼，这种坐落在村民身边的'精神地标'也会产生潜移默化的影响"。

乡村历来是美育的洼地，很多村民一辈子没有机会进入艺术馆接触艺术。虽然"城市艺术馆"仍是目前中国的主流形态,但"乡村艺术馆"在国外已经有比较成熟的探索,比如日本有围绕乡村和农业主题的"越后妻有"艺术节,在箱根也集聚了一批乡村美术馆。能让从来没有进过艺术馆的人走进专业展厅,欣赏真正的艺术,这是乡村艺术馆的意义所在。

"美国有一种 4H 教育,已经推行了一百多年,4H 就是 Hand、Head、Health、Heart 的简写,强调手、脑、身、心的和谐发展。比如幼儿园的孩子要学会把吃剩的早餐收集起来去喂猪,观察营养物质循环;一年级的孩子在农场做零活,喂鸡、放羊或者看看动物;二年级的孩子学习农作物种植,包括丰收时亲自打谷、扬场……真正的世界不是在书本或者地图里的,而是在大自然里。我也希望东田村的下一代,能通过亲近土地,获取更多真实的知识。"

做这样的公益肯定挣不到钱,为什么会愿意如此为农民操心?王新妹的回答极其朴实。"我本来就是农民,我就是这个村子里的人,没有这块土地,也没有我。我现在发展得不错,比这块土地强了,应该回馈一点给土地,是不是?农民就应该回到土地,为土地做事。"

在她的构想里头,这个未来会在阡陌田野上举办的第一个展览,会是四大名著展,为此她已经收集了很多相关的版画年画。"我想让这里土生土长的老百姓享受到最好的东西,希望有一天他们能看得懂刘海粟、张大千的好。"第二个展览则是乐高展,那是她最大的梦想。"现在的小孩子,很多都玩过乐高,拼乐高可以

充满奇思妙想。"

除了办展览、筹建田野里的艺术馆,从 2021 年元旦开始,每个周六,王新妹还带上全套专业拍摄设备,从嘉兴驱车七十分钟前往东田村,为全村五百五十户家庭免费拍摄全家福,并赠送"全家福"相片。为此她特意邀请沈杏林挥毫创作了一幅反映今天东田村面貌的巨幅画作作为拍摄背景。

在一派绿色江南好风光前,一户户东田人家叫回了自己已在别处筑了小窝的儿子女儿们。老人们端坐在靠背椅上,年轻小辈聚拢在背后。抓住过年还乡团聚的传统,她每天都在村里拍摄。对东田村民而言,或许并不能意识到,这相机"咔嚓"一声,背后文献记载的价值和意义。

此前为了筹备"东田的度过"展览,她走遍五百多户人家,发现存有照片的人家,10% 都不到,"他们没有存照的意识。照片其实是有温度的。"

人间最珍贵的爱,莫过于亲情、友情和爱情,这些感情构成了这个美好的世界。王新妹为大家刻印下的那个瞬间,本就充满着爱,她也希望,大家在观看照片的时候,也能用眼睛去注视身边,我们爱着的人,爱着我们的人。

毕竟,小康不小康,关键看老乡;全面小康也好,乡村振兴也罢,归根结底,是要把幸福落实到每个百姓心里。每个人,能行自己所行,能爱自己所爱,尽己之力、以己所长,回馈自己生长的土地,把生活过得充实、有意义,应该就是更好的生活。

附录

东田村大事记
（1950年至今）

1950年　村东为青石乡第七村，村西为东园乡第一村。

1956年　青石乡第七村与东园乡第一村合并为青石乡第六高级社。

1958年10月　东田村、范家桥村合并组建洲泉人民公社第三营。

1959年3月　更名为洲泉人民公社青石管理区东田大队。

1961年　更名为青石人民公社东田大队。

1978年　东田大队在坝桥头办起木跟厂。

1979年8月　办起桐乡县第一家皮鞋厂。

1983年6月　更名为青石乡东田村。

1985年　获桐乡县文明单位称号。

1990年　获嘉兴市文明单位称号。

1997年　乡镇企业实行体制改革，足佳集团公司自行解体，下属各企业自立门户，并逐渐发展壮大。

2001年10月　东田村随青石乡并入洲泉镇。

2002年　全村土地开始综合整理，启动新村集聚工作。

2003年　修建村东西向主干道东田路，长一千二百米，宽十四米。

2004年　足佳鞋业市场一期建成，2005年开业，后陆续建成鞋业

	市场二、三、四期，总面积达三百七十五亩，引进商户最盛时六百余户。
2005 年	获浙江省小康建设示范村称号。
2006 年	东田村私营经济步入快速发展阶段，全村个私企业九十七家。
	对村里河道开始筑堤修缮。
	获省级全面小康示范村称号。
	入选首届浙江魅力新农村。
2007 年	修建东兴公园，占地面积十二亩，造价二百万元。
	入选省级文化示范村。
2008 年	修建村民文化中心（东田文化苑），造价八百万元。
	入选浙江省卫生村。
2010 年	青石中心小学异地迁建，新校区建筑造价三千余万元，落成后更名桐乡市洲泉实验小学。
	获浙江省级文明村称号。
2011 年	入选省级中心村。
2012 年	修建村南北向主干道东福路，长一千七百米，宽十四米。
	获省级慈善村称号。
	入选浙江省"双强百佳"村。
2014 年	创建省级历史文化保护村落。
2016 年	投资五千万元修建东湖公园和赵汝愚纪念馆（丞相府），占地近百亩，2019 年竣工。

     获省级森林村庄称号。

2017年 获省级历史文化重点村称号。

     获省级美丽乡村精品村称号。

2018年 入选省级森林村庄。

2019年 获国家森林乡村称号。

2020年 南宋古街项目筹备组成立。

     获浙江省电子商务示范村称号。

后 记

2020年夏天，我完成了创业小说《想往火里跳》的写作。我跟杭州的朋友张雪南聊天，说起长期居于上海，能看见的、能写下的，越来越和其他久居都市的作家趋于雷同。于是，朋友建议我，不妨去他的老家，浙江桐乡的一个小村庄走一走、看一看。他的家乡也有很多故事，不比都市逊色，甚至还比都市里的创业故事更曲折、更生动。

他是土生土长的东田村人。他告诉我，他念小学时，还是在一个漏风漏雨的老庙改作的校舍里。上世纪80年代初，他读初中时曾有个机会进村办皮鞋厂当工人，他犹豫后选择了放弃，他的妈妈进厂当了划料工。后来，他离开东田去外地求学、工作，一晃已近四十年。现为上市公司浙数文化总经理的他，对东田村的很多人和事，依然记忆犹新；对东田村的过去和现在，依然如数家珍。他为东田这片土地和村庄骄傲，更为东田村人自豪。"你得去现在的小学看看，一点不比城里的重点小学差。"他说。

我去了。前后三四个月里，一次次走村串户去采风采访。不能说长，但确实发现，这个从"泥腿子上岸"自制皮鞋起家，走上小康之路的小村庄，在改革开放以来的四十多年里，在不同时代的发展背景下，充满了乡村变革大潮的洗礼和沉淀。而如今回头看一看走过来的道路，又会发现，路是艰难的，可是，已经走得多么坚实、多么开阔了啊。

这四十多年村庄变革的历史，有很多奋斗者，有很多见证人。我走进东田，倾听他们的述说，从历任的村支书陈永泉、费金伦、费荣平，到乡贤代表沈玉兴、俞敬民、沈建平等；从村里的创业者陈萍、赵彦伟、沈新华，到乡村教育的耕耘者陈明寿、蒋国林，到文化艺术的传播者王新妹、沈杏林……我无数次在访谈中被他们所感动。而东田的人，东田的故事，远比我的记录和描述要生动。深深地感谢他们！东田，犹如田野里的大课堂，为我补上了难忘而有意义的一课。

感谢东田乡贤、长江韬奋奖获得者朱仁华为书稿修改润色，还要特别感谢王新妹和影上书房、东田村委热情提供许多照片。更要感谢张雪南，从书稿的立题到架构，从采访提纲到采访安排，从故事内容到文字展现，他不厌其烦地为我提出建议和修改意见。他是这本书的第一读者！

书稿完成后，朋友正好回老家东田，又叫上我一起。我们在村中美丽的东湖公园里散步。他说，这里就是旧时的庙址，他当年读小学的地方。变化，确实太大了。我的朋友，他站在桥上，良久，像是自己站进了这本描写东田翻天覆地变化的书中，舍不得出来一样。

走走
2021年9月7日

图书在版编目（CIP）数据

走向我们的小康生活：美丽乡村的"东田样本"/走走著. -- 上海：上海文化出版社，2021.10
ISBN 978-7-5535-2378-1

Ⅰ.①走… Ⅱ.①走… Ⅲ.①纪实文学—中国—当代 Ⅳ.①I25

中国版本图书馆CIP数据核字（2021）第182184号

出 版 人：姜逸青
责任编辑：赵光敏
装帧设计：叶　珺
排版制作：方　明

书　名：走向我们的小康生活：美丽乡村的"东田样本"
作　者：走走
出　版：上海世纪出版集团　上海文化出版社
地　址：上海市绍兴路7号　200020
发　行：上海文艺出版社发行中心
　　　　上海市绍兴路50号 200020　www.ewen.co
印　刷：苏州市越洋印刷有限公司
开　本：889×1194　1/32
印　张：7.5
版　次：2021年10月第一版　2021年10月第一次印刷
书　号：ISBN 978-7-5535-2378-1/I.920
定　价：78.00元

告读者　如发现本书有质量问题，请与印刷厂质量科联系
T：0512-68180628